AF303060

Éditions DIASPORAS NOIRES

www.diasporas-noires.com

©Emmanuel Ngombet 2019
ISBN version numérique : 9782490931026
ISBN version imprimée : 9782490931033
Date de publication numérique : Novembre 2019

Mentions légales

Emmanuel NGOMBET OTSARO DITUNGA

ETATS UNIS D'AFRIQUE DE L'OUEST - EUAO

Essai

Collection Savoirs

SOMMAIRE

Avant-propos

Sans le vouloir, et certainement malgré son plein gré, Alassane Dramane OUATTARA vient, par sa déclaration de la parité fixe à l'euro de la nouvelle monnaie unique ECO des pays CEDEAO, d'annoncer la fin des micro-États, tels que définis aux indépendances.

L'éco sera-t-il le nouveau nom du franc CFA ? Oui, en tout cas dans un premier temps, puisque la monnaie unique ouest-africaine conservera son taux fixe par rapport à l'euro, a expliqué Alassane Ouattara. *« Aujourd'hui, le taux de change de l'euro par rapport au franc CFA est de 655,9. Et bien sûr, si les chefs d'État décidaient l'année prochaine de changer le franc CFA en éco parce que nous avons respecté tous les critères de convergence, ce taux ne changerait pas dans l'immédiat. »*

Il n'a pas entendu les protestations de l'Italie/l'Allemagne qui s'indignent de la perpétuation du système FCFA, qui permet à la France de 'siphonner' près de 400 milliards d'euros par an, en toute légalité, aux pays africains utilisant la monnaie CFA

Le problème, qu'il ne perçoit ou qu'il s'efforce d'ignorer dans cette déclaration, est que les temps ont changé. Cette sorte d'extension du FCFA à l'ensemble des pays de l'Afrique de l'Ouest est mal digérée par la jeunesse africaine, qui le ressent comme une prolongation de l'esclavage colonial de l'empire français, mais plus grave de toute l'Europe sur l'Afrique.

Les partisans de l'éco affirment que la monnaie unique facilitera le commerce, réduira les coûts de transaction et facilitera les paiements entre les 385 millions d'habitants de la CEDEAO.

Toutefois, les détracteurs craignent que le Nigeria, la plus grande économie de la région, ne domine la politique monétaire et n'en retarde les retombées.

"Les pays d'Afrique de l'Ouest - comme la plupart des autres pays en développement - ne sont pas à l'abri des chocs monétaires causés par les politiques mises en œuvre dans le reste du monde ".

Nos chefs d'État se contentent du confort de la parité fixe (à l'euro, et pourquoi pas, à la livre sterling, au dollar, au Yuan chinois, pour juste souligner le caractère obsessionnel de la démarche). La parité fixe maintient l'inflation monétaire dans les proportions faibles, mais ne fait pas éclore la croissance, qui reste une nécessité économique du développement.

Bien que libres, les anciens esclaves ne souhaitent pas quitter le confort de la plantation du maître et préfèrent continuer à y monnayer leur force de travail, abondante et bon marché. Les négriers noirs sont à la tâche, afin de ramener certains affranchis riches de leur ouvrage individuel, par assujettissement volontaire à l'autorité du maitre.

Les jeunes d'Afrique sont-ils contraints et obligés de continuer à subir ces nouvelles formes d'esclavage, qui 'infantilisent' l'homme noir, depuis six siècles ?

1. Création des États-Unis d'Afrique de l'Ouest

Le citoyen et la société civile vont pousser à la création d'un embryon d'état fédéral en Afrique de l'Ouest, avant qu'il ne soit étendu à toute l'Afrique. Les Africains doivent très vite, passer de la plainte, à la contestation puis à l'action et plus encore à l'anticipation.

Mai 2020, la société civile ouest-africaine va procéder, solennellement, à la création symbolique des USOWA/USWA, au Ghana, au Burkina Faso ou encore au Bénin

L'état fédéral (USWA) va rendre caduc le débat des critères de convergence des micro-États, car la monnaie unique est un 'pilier et fondement' essentiel de l'existence de cette nation ouest-africaine.

Pouvons-nous, anticiper notre devenir commun ?

Initialiser la collecte de l'épargne publique et privée. (celle du citoyen devenant actionnaire / acteur) pour la constitution des RÉSERVES D'OR et de DEVISES, nécessaires au pays de l'Afrique de l'Ouest, dans la création de la monnaie unique WARI-WARA de la CEDEAO.

Définir nous-mêmes, 'les piliers et fondements', politiques et économiques, de cette union des pays de l'Afrique de l'Ouest

2. La constitution des USOWA (USWA)

CONSTITUTION DES ÉTATS-UNIS D'AFRIQUE DE L'OUEST

PRÉAMBULE

Nous, Peuple des 15 pays actuels d'Afrique de l'Ouest (Bénin, Burkina Faso, Cap-Vert, Côte d'Ivoire, Gambie, Ghana, Guinée Bissau, Guinée Conakry, Libéria, Mali, Niger, Nigeria, Sénégal, Sierra Leone, Togo), en vue de former une Union plus parfaite, d'établir la justice, de faire régner la paix intérieure, de pourvoir à la défense commune, de développer le bien-être général et d'assurer les bienfaits de la liberté à nous-mêmes et à notre postérité, nous décrétons et établissons cette Constitution pour les États-Unis d'Afrique de l'Ouest.

ARTICLE PREMIER

Section 1.
Tous les pouvoirs législatifs accordés par cette Constitution seront attribués à un Congrès des États-Unis d'Afrique de l'Ouest, qui sera composé d'un Sénat et d'une Chambre des représentants (députés).

Section 2.

La Chambre des représentants (députés) sera composée de membres choisis tous les trois ans par le peuple des différents États ; dans chaque État les électeurs devront répondre aux conditions requises pour être électeur à l'assemblée la plus nombreuse de la législature de cet État.

Nul ne pourra être représentant s'il n'a atteint l'âge de vingt-cinq ans, s'il n'est citoyen d'un des états depuis sept ans et s'il ne réside, au moment de l'élection, dans l'État où il doit être élu.

Les représentants et les impôts directs seront répartis entre les différents États qui pourront faire partie de cette Union, à part égale quel que soit le nombre de leurs habitants. Le recensement (par bornes électroniques) sera effectué dans les deux ans qui suivront la première réunion du Congrès, et ensuite tous les dix ans, de la manière qui sera fixée par la loi.

Lorsque des vacances se produiront dans la représentation d'un État, le pouvoir exécutif de cet État fera procéder à des élections pour y pourvoir.

La Chambre des représentants choisira son président (présidence tournante dans l'ordre alphabétique de citation des états) et les autres membres de son bureau (15 au total, soit un par état), et elle détiendra seule le pouvoir de mise en accusation devant le Sénat.

Section 3.

Le Sénat des États-Unis d'Afrique de l'Ouest sera composé de deux sénateurs pour chaque État, choisis pour six ans par la législature de chacun, et chaque sénateur disposera d'une voix.

Dès qu'ils seront réunis à la suite de la première élection, les sénateurs seront divisés aussi également que possible en trois groupes. Les sièges des sénateurs du premier groupe seront déclarés vacants à l'expiration de la deuxième année, ceux du second groupe à l'expiration de la quatrième année et ceux du troisième groupe à l'expiration de la sixième année, de telle sorte qu'un tiers puisse être renouvelé tous les deux ans ; et si des vacances se produisent, par démission ou autrement, en dehors des sessions législatives d'un État, le pouvoir exécutif de cet État peut procéder à des nominations temporaires jusqu'à la réunion suivante de la législature, qui pourvoira alors à ces vacances.

Nul ne pourra être sénateur s'il n'a atteint l'âge de trente ans, s'il n'est pas depuis neuf ans, citoyen des États-Unis d'Afrique de l'Ouest et s'il ne réside, au moment de l'élection, dans l'État pour lequel il est élu.

Le vice-président des États-Unis d'Afrique de l'Ouest sera président du Sénat, mais n'aura pas de droit de vote, à moins d'égal partage des voix du Sénat.

Le Sénat choisira les autres membres de son bureau, ainsi qu'un président temporaire, en cas d'absence du vice-président des États-Unis d'Afrique de l'Ouest, ou lorsque celui-ci sera appelé à exercer les fonctions de président des États-Unis d'Afrique de l'Ouest.

Le Sénat aura seul le pouvoir de juger les personnes mises en accusation par la Chambre des représentants. Lorsqu'il siégera à cet effet, les sénateurs prêteront serment ou feront une déclaration solennelle.

En cas de jugement du président des États-Unis d'Afrique de l'Ouest, le président de la Cour suprême présidera. Nul ne pourra être déclaré coupable que par un vote des deux tiers des membres présents.

Les condamnations prononcées en cas d'« impeachment » ne pourront excéder la destitution et l'interdiction d'occuper tout poste de confiance ou d'exercer toute fonction honorifique ou rémunérée des États-Unis d'Afrique de l'Ouest ; mais la partie condamnée sera néanmoins responsable et sujette à accusation, procès, jugement et condamnation suivant le droit commun.

Section 4.

L'époque, le lieu et la procédure des élections des sénateurs et des représentants seront déterminés dans chaque État par la législature de cet État ; le Congrès peut toutefois, à tout moment, déterminer ou modifier par une loi les règles des élections, à l'exception de celles relatives au lieu des élections des sénateurs.

Le Congrès se réunira au moins une fois par an, le premier lundi de décembre, à moins que, par une loi, il ne fixe un jour différent.

Section 5.

Chaque Chambre sera juge de l'élection de ses membres, du nombre de voix qu'ils ont obtenues et de leur éligibilité ; la majorité, dans chaque Chambre, sera nécessaire pour que les délibérations soient valables ; mais un nombre inférieur pourra ajourner la séance de jour en jour et pourra être autorisé à exiger la présence des membres absents par tels moyens et sous telles pénalités que la Chambre pourra décider.

Chaque Chambre peut établir son règlement intérieur, prendre des sanctions contre ses membres pour conduite contraire au bon ordre et, à la majorité des deux tiers, prononcer l'expulsion de l'un d'entre eux.

Chaque Chambre tiendra un procès-verbal de ses débats et le

publiera de temps à autre, à l'exception des parties qui lui sembleraient requérir le secret ; les votes pour et les votes contre des membres de chacune des Chambres sur une question quelconque seront, à la demande d'un cinquième des membres présents, consignés dans le procès-verbal.

Aucune des deux Chambres ne pourra, durant une session du Congrès et sans le consentement de l'autre Chambre, s'ajourner pour plus de trois jours, ni se transporter en aucun autre lieu que celui où les deux Chambres siégeront.

Section 6.

Les sénateurs et représentants percevront une indemnité qui sera fixée par la loi et payée par le Trésor des États-Unis d'Afrique de l'Ouest.

En aucun cas autres que ceux de trahison, crime ou atteinte à la paix publique, ils ne pourront être arrêtés durant leur participation aux sessions de leur Chambre, ni lorsqu'ils se rendront à une session de cette Chambre ou en reviendront ; ils ne pourront être inquiétés en aucun lieu pour leurs discours ou discussions dans l'une quelconque des Chambres.

Aucun sénateur ou représentant ne pourra, durant la période pour laquelle il a été élu, être nommé à une fonction civile relevant de l'autorité des États-Unis d'Afrique de l'Ouest, qui aurait été créée ou dont le traitement aurait été augmenté durant cette période ; aucune personne occupant une charge relevant de l'autorité des États-Unis d'Afrique de l'Ouest ne sera membre de l'une des deux Chambres tant qu'elle exercera ces fonctions.

Section 7.

Tous projets de loi comportant la levée d'impôts émaneront de la Chambre des représentants ; mais le Sénat pourra proposer ou accepter des amendements à y apporter comme aux autres projets de loi.

Tout projet de loi adopté par la Chambre des représentants et par le Sénat devra, avant d'acquérir force de loi, être soumis au président des États-Unis.

Si celui-ci l'approuve, il le signera ; sinon il le renverra, avec ses objections, à la Chambre dont il émane, laquelle insérera les objections in extenso dans son procès-verbal et procédera à un nouvel examen du projet. Si, après ce nouvel examen, le projet de loi réunit en sa faveur les voix des deux tiers des membres de cette Chambre, il sera transmis, avec les objections qui l'accompagnaient, à l'autre Chambre, qui l'examinera également de nouveau, et, si les deux tiers des membres de celle-ci l'approuvent, il aura force de loi. En pareil cas, les votes des deux Chambres seront acquis par oui et par non, et les noms des membres votant pour et contre le projet seront portés au procès-verbal de chaque Chambre respectivement. Tout projet non renvoyé par le président dans les dix jours (dimanche non compris) qui suivront sa soumission, deviendra loi comme si le président l'avait signé, à moins que le Congrès n'ait, par son ajournement, rendu le renvoi impossible ; auquel cas le projet n'acquerra pas force de loi.

Tous ordres, résolutions ou votes, pour l'adoption desquels l'accord du Sénat et de la Chambre des représentants peut être nécessaire (sauf en matière d'ajournement), seront représentés au président des États-Unis d'Afrique de l'Ouest, et, avant de devenir exécutoires, approuvés par lui, ou, en cas de dissentiment de sa part, adoptés de nouveau par les deux tiers du Sénat et de la Chambre des représentants, conformément aux règles et sous les réserves prescrites pour les projets de loi.

Section 8.

Le Congrès aura le pouvoir :

De lever et de percevoir des taxes, droits, impôts, de payer les dettes et pourvoir à la défense commune et à la prospérité générale des États-Unis d'Afrique de l'Ouest; mais lesdits droits, impôts seront uniformes dans toute l'étendue des États-Unis d'Afrique de l'Ouest;

De faire des emprunts sur le crédit des États-Unis d'Afrique de l'Ouest ;

De réglementer le commerce avec les nations étrangères, entre les divers États ;

D'établir une règle uniforme de naturalisation et des lois uniformes au sujet des faillites applicables dans toute l'étendue des États-Unis d'Afrique de l'Ouest;

De battre monnaie, d'en déterminer la valeur et celle de la monnaie étrangère, et de fixer l'étalon des poids et mesures ;

D'assurer la répression de la contrefaçon des effets et de la monnaie en cours aux États-Unis d'Afrique de l'Ouest ;

D'établir des bureaux et des routes de postes ;

De favoriser le progrès de la science et des arts utiles, en assurant, pour un temps limité, aux auteurs et inventeurs le droit exclusif à leurs écrits/découvertes respectifs ;

De constituer des tribunaux inférieurs à la Cour suprême ;

De définir et punir les pirateries et crimes commis en haute mer et les atteintes à la loi des nations ;

De négocier pour éviter la guerre autant que possible, d'accorder des lettres de marque et de représailles, et d'établir des règlements concernant les prises sur terre et sur mer ;

De lever et d'entretenir des armées, sous réserve qu'aucune affectation de crédits à cette fin ne s'étende sur plus de deux ans ;

De créer et d'entretenir une marine, utilisable à toute fin y compris écologique ;

D'établir des règlements pour le commandement et la discipline des forces de terre et de mer ;

De pourvoir à la mobilisation de la police pour assurer l'exécution des lois de l'Union, réprimer les insurrections et repousser les invasions ;

D'organiser un service civique UNIVERSEL d'une année (12 mois), dans toutes les branches d'activité (armée, santé, éducation, agriculture, nettoyage d'utilité publique), au profit des jeunes ayant atteint l'âge légal (18 ans)

De pourvoir à l'organisation, l'armement et la discipline de la force publique, et au commandement de telle partie de celle qui serait employée au service des États-Unis, en réservant aux États respectivement la nomination des officiers et l'autorité nécessaire pour instruire cette selon les règles de discipline prescrites par le Congrès;

D'exercer le droit exclusif de législation, en toute matière, sur tel district (d'une superficie n'excédant pas 10 milles au carré) qui, par cession d'États particuliers et sur acceptation du Congrès, sera devenu le siège du gouvernement des États-Unis d'Afrique de l'Ouest et d'exercer semblable autorité sur tous lieux acquis, avec le consentement de la législature de l'État dans lequel ils seront situés, pour l'érection de camps, dépôts, arsenaux, chantiers navals et autres constructions nécessaires ;

Et de faire toutes les lois qui seront nécessaires et convenables pour mettre à exécution les pouvoirs ci-dessus mentionnés et tous autres pouvoirs conférés par la présente Constitution au gouvernement fédéral des États-Unis d'Afrique de l'Ouest ou à l'un quelconque de ses départements ou de ses fonctionnaires.

Section 9.
L'immigration que l'un quelconque des États actuellement existants jugera convenable d'admettre ne pourra être prohibée par le Congrès, mais un impôt ou un droit n'excédant pas 10 dollars par tête pourra être levé sur cette immigration. Le privilège de l'ordonnance d'habeas corpus ne pourra être suspendu, sauf dans les cas de rébellion ou d'invasion, où la sécurité publique pourrait l'exiger.

Aucun décret de confiscation, ou aucune loi rétroactive ne sera promulgué.
Nulle capitation ni autre taxe directe ne sera levée, si ce n'est proportionnellement au recensement ou dénombrement ci-dessus ordonné.

Ni taxes, ni droits ne seront levés sur les articles exportés d'un État quelconque.

Aucune préférence ne sera accordée par un règlement commercial ou fiscal aux ports d'un État sur ceux d'un autre ; et nul navire à destination ou en provenance d'un État ne sera assujetti à des formalités ou des droits d'entrée, de sortie ou de douane dans un autre.

Aucune somme ne sera prélevée sur le Trésor, si ce n'est en vertu d'affectations de crédits stipulées par la loi ; un état et un compte réguliers de toutes les recettes et dépenses des deniers publics seront publiés de temps à autre.

Aucun titre de noblesse ne sera conféré par les États-Unis d'Afrique de l'Ouest, et aucune personne qui tiendra d'eux une charge de profit ou de confiance ne pourra, sans le consentement du Congrès, accepter des présents, émoluments, charges ou titres quelconques, d'un roi, prince ou État étranger.

Section 10.
Aucun État ne pourra être partie prenante d'un traité ou d'une alliance ou d'une Confédération ; accorder des lettres de marque et de représailles ; battre monnaie ; émettre du papier-monnaie, donner cours légal, pour le paiement de dettes, à autre chose que la monnaie d'or ou d'argent ; promulguer aucun décret de confiscation, aucune loi rétroactive ou qui porterait atteinte aux obligations résultant de contrats ; ni conférer des titres de noblesse.

Aucun État ne pourra, sans le consentement du Congrès, lever des impôts ou des droits sur les importations ou les exportations autres que ceux qui seront absolument nécessaires pour l'exécution de ses lois d'inspection, et le produit net de tous les droits ou impôts levés par un État sur les importations ou les exportations sera affecté à l'usage du Trésor des États-Unis ; et toutes ces lois seront soumises à la révision ou au contrôle du Congrès.

Aucun État ne pourra, sans le consentement du Congrès, lever des droits de tonnage, entretenir des troupes ou des navires de guerre en temps de paix, conclure des accords ou des pactes avec un autre État ou une puissance étrangère, ni entrer en guerre, à moins qu'il ne soit effectivement envahi ou en danger trop imminent pour permettre le moindre délai.

ARTICLE II

Section 1.
Le pouvoir exécutif sera conféré à un président. Le président des États-Unis d'Afrique de l'Ouest. Il restera en fonction pendant une période de quatre ans et sera, ainsi que le vice-président choisi (il est issu d'un état différent de celui du président) pour la même durée, élu comme suit :

La présidence est tournante par ordre alphabétique de la liste des états. Dans le sens inverse de l'ordre alphabétique de la liste des états, la vice-présidence est tournante.

Les treize autres fonctions les plus importantes, dans l'ordre protocolaire, sont aussi soumises à cette rotation, de telle façon que chaque état dispose d'une fonction au plus sommet de l'organisation fédérale.

L'élection des 15 premières personnalités se fait au suffrage universel direct, par voie électronique, à travers des bornes numériques. L'élection se déroule durant 48 heures d'affilée NON-STOP, décompte à temps réel et compilation automatique à l'organe chargé de la publication des résultats.

À chaque législature et suivant le principe de la rotation tournante, chaque état, peut organiser des primaires pour désigner son (ses) candidat(s) avec un maximum de trois, appeler à concourir au suffrage universel pour la fonction qui lui réservée.

Toute personnalité, exerçant une des quinze fonctions les plus importantes au niveau fédéral (Président, Vice-Président, Président du Sénat,...), candidat à sa propre succession ou à une autre fonction, devra préalablement démissionner, avant la date fixée pour le début de la campagne électorale.
Il sera remplacé par son adjoint dans l'ordre protocolaire.
Personne ne peut battre campagne en étant en exercice dans les fonctions officielles, ni utiliser les moyens d'état à son profit d'une manière détournée.
L'équité et l'égalité, obligent de mettre les candidats au même niveau de citoyenneté

Section 2.

Le président sera commandant en chef de l'armée et de la marine des États-Unis d'Afrique de l'Ouest, et de la police des divers États quand celle-ci sera appelée au service actif au niveau fédéral. Il pourra exiger l'opinion, par écrit, du principal fonctionnaire de chacun des départements exécutifs sur tout sujet relatif aux devoirs de sa charge. Il aura le pouvoir d'accorder des sursis et des grâces pour crimes contre les États-Unis, sauf dans les cas d'impeachment ».
Il aura le pouvoir, sur l'avis et avec le consentement du Sénat, de conclure des traités, sous réserve de l'approbation des

deux tiers des sénateurs présents. Il proposera au Sénat et, sur l'avis et avec le consentement de ce dernier, nommera les ambassadeurs, les autres ministres publics et les consuls, les juges à la Cour suprême, et tous les autres fonctionnaires des États-Unis dont la nomination n'est pas prévue par la présente Constitution, et dont les postes seront créés par la loi.

Mais le Congrès pourra, lorsqu'il le jugera opportun, confier au président seul, aux cours de justice ou aux chefs des départements, la nomination de certains fonctionnaires inférieurs.

Le président aura le pouvoir de pourvoir à toutes vacances qui viendraient à se produire entre les sessions du Sénat, en accordant des commissions qui expireront à la fin de la session suivante.

Section 3.

Le président informera le Congrès, de temps à autre, de l'état de l'Union, et recommandera à son attention telle mesures qu'il estimera nécessaires et expédientes. Il pourra, dans des circonstances extraordinaires, convoquer l'une ou l'autre des Chambres ou les deux à la fois, et en cas de désaccord entre elles sur la date de leur ajournement, il pourra les ajourner à tel moment qu'il jugera convenable. Il recevra les ambassadeurs et autres ministres publics. Il veillera à ce que les lois soient fidèlement exécutées, et commissionnera tous les fonctionnaires des États-Unis.

Section 4.

Le président, le vice-président et tous les fonctionnaires civils des États-Unis d'Afrique de l'Ouest seront destitués de leurs charges sur mise en accusation et condamnation pour trahison, corruption ou autres crimes et délits majeurs.

ARTICLE III

Section 1.
Le pouvoir judiciaire des États-Unis 'Afrique de l'Ouest sera conféré à une Cour suprême et à telles cours inférieures dont le Congrès pourra de temps à autre ordonner l'institution. Les juges de la Cour suprême et des cours inférieures conserveront leurs charges aussi longtemps qu'ils en seront dignes et percevront, à échéances fixes, une indemnité qui ne sera pas diminuée tant qu'ils resteront en fonction.

Section 2.
Le pouvoir judiciaire s'étendra à tous les cas de droit et d'équité ressortissants à la présente Constitution, aux lois des États-Unis d'Afrique de l'Ouest, aux traités déjà conclus, ou qui viendraient à l'être sous leur autorité ; à tous les cas concernant les ambassadeurs, les autres ministres publics et les consuls ; à tous les cas relevant de l'Amirauté et de la juridiction maritime ; aux différends auxquels les États-Unis d'Afrique de l'Ouest seront partie prenante ; aux différends entre deux ou plusieurs États, entre un État et les citoyens d'un autre, entre citoyens de différents États, entre citoyens d'un même État revendiquant des terres en vertu de concessions d'autres États, entre un État ou ses citoyens et des États, citoyens ou sujets étrangers.

Dans tous les cas concernant les ambassadeurs, les autres ministres publics et les consuls, et ceux auxquels un État sera partie prenante, la Cour suprême aura juridiction de première instance sur la date de leur ajournement, elle aura juridiction d'appel, et pour le droit et pour le fait, sauf telles exceptions et conformément à tels règlements que le Congrès aura établis.

Tous les crimes, sauf dans les cas d'« impeachment », seront jugés par un jury. Le procès aura lieu dans l'État où lesdits crimes auront été commis, et, quand ils ne l'auront été dans aucun, en tel li eu ou place que le Congrès aura fixée par une loi.

Section 3.

Le crime de trahison envers les États-Unis ne consistera que dans l'acte de faire la guerre contre eux, ou de se ranger du côté de leurs ennemis en leur donnant aide et secours. Nul ne sera convaincu de trahison, si ce n'est sur la déposition de deux témoins du même acte manifeste, ou sur son propre aveu en audience publique.
Le Congrès aura le pouvoir de fixer la peine en matière de trahison, mais aucune condamnation de ce chef n'entraînera ni mort civile, ni confiscation de biens, sauf pendant la vie du condamné.

ARTICLE IV

Section 1.
Pleine foi et crédit seront accordés, dans chaque État, aux actes publics, minutes et procès-verbaux judiciaires de tous les autres États. Et le Congrès pourra, par des lois générales, prescrire la manière dont la validité de ces actes, minutes et procès-verbaux sera établie, ainsi que leurs effets.

Section 2.

Les citoyens de chaque État auront droit à tous les privilèges et immunités des citoyens dans les divers États.

Toute personne qui, accusée, dans un État, de trahison, félonie ou autre crime, se sera dérobée à la justice par la fuite et sera trouvée dans un autre État, devra, sur la demande de l'autorité exécutive de l'État d'où elle aura fui, être livrée pour être ramenée dans l'État ayant juridiction sur le crime.

Une personne qui, tenue à un service ou travail dans un État en vertu des lois y existant, s'échapperait dans un autre, ne sera libérée de ce service ou travail en vertu d'aucune loi ou réglementation de cet autre État, mais sera livrée sur la revendication de la partie à laquelle le service ou travail pourra être dû.

Section 3.

De nouveaux États peuvent être admis par le Congrès dans l'Union ; mais aucun nouvel État ne sera formé ou érigé sur le territoire soumis à la juridiction d'un autre État, ni aucun État formé ; par la jonction de deux ou de plusieurs États, ou parties d'État, sans le consentement des législatures des États intéressés, aussi bien que du Congrès.

Le Congrès aura le pouvoir de disposer du territoire ou de toute autre propriété appartenant aux États-Unis, et de faire à leur égard toutes lois et tous règlements nécessaires ; et aucune disposition de la présente Constitution ne sera interprétée de manière à préjudicier aux revendications des États-Unis d'Afrique de l'Ouest ou d'un État particulier.

Section 4.

Les États-Unis d'Afrique de l'Ouest garantiront à chaque État de l'Union une forme républicaine de gouvernement, protégeront chacun d'eux contre l'invasion et, sur la demande de la législature ou de l'exécutif (quand la législature ne pourra être réunie), contre toute violence intérieure.

ARTICLE V

Le Congrès, quand les deux tiers des deux Chambres l'estimeront nécessaire, proposera des amendements à la présente Constitution ou, sur la demande des législatures des deux tiers des États, convoquera une convention pour en proposer ; dans l'un et l'autre cas, ces amendements seront valides à tous égards comme faisant partie intégrante de la présente Constitution, lorsqu'ils auront été ratifiés par les législatures des trois quarts des États, ou par des conventions dans les trois quarts d'entre eux, selon que l'un ou l'autre mode de ratification aura été proposé par le Congrès.

Sous réserve que nul amendement qui serait adopté ne puisse en aucune façon affecter la première et la quatrième clause de la neuvième section de l'Article premier, et qu'aucun État ne soit, sans son consentement, privé de l'égalité de suffrage au Sénat.

ARTICLE VI

Toutes dettes contractées et tous engagements pris avant l'adoption de la présente Constitution seront aussi valides à l'encontre des États-Unis d'Afrique de l'Ouest dans le cadre de la présente Constitution.

La présente Constitution, ainsi que les lois des États-Unis d'Afrique de l'Ouest qui en découleront, et tous les traités déjà conclus, ou qui le seront, sous l'autorité des États-Unis d'Afrique de l'Ouest, seront la loi suprême du pays ; et les juges dans chaque État seront liés par les susdits, nonobstant toute disposition contraire de la Constitution ou des lois de l'un quelconque des États.

Les sénateurs et représentants susmentionnés, les membres des diverses législatures des États et tous les fonctionnaires exécutifs et judiciaires, tant des États-Unis d'Afrique de l'Ouestque des divers États, seront tenus par serment ou affirmation de défendre la présente Constitution ; mais aucune profession de foi religieuse ne sera exigée comme condition d'aptitude aux fonctions ou charges publiques sous l'autorité des États-Unis d'Afrique de l'Ouest.

ARTICLE VII

La ratification, des conventions de neuf États sur quinze, sera suffisante pour l'établissement de la présente Constitution entre les États qui l'auront ainsi ratifiée.

Adopté le

Le congrès constitutif

AMENDEMENTS SUGGÉRÉS

ARTICLE PREMIER

Le Congrès ne fera aucune loi qui touche l'établissement ou interdise le libre exercice d'une religion, ni qui restreigne la liberté de la parole ou de la presse, ou le droit qu'a le peuple de s'assembler paisiblement et d'adresser des pétitions au gouvernement pour la réparation des torts dont il a, à se plaindre.

ARTICLE II

Une police bien organisée étant nécessaire à la sécurité d'un État libre.
Le droit qu'a le peuple de détenir et de porter des armes pour se défendre sera remis à la force publique dans les termes de l'organisation d'un état de droit.

ARTICLE III

Aucun soldat ne sera, en temps de paix, logé dans une maison sans le consentement du propriétaire, ni en temps de guerre, si ce n'est de la manière prescrite par la loi.

ARTICLE IV

Le droit des citoyens d'être garantis dans leurs personnes, domicile, papiers et effets, contre les perquisitions et saisies non motivées ne sera pas violé, et aucun mandat ne sera délivré, si ce n'est sur présomption sérieuse, corroborée par serment ou affirmation, ni sans qu'il décrive particulièrement le lieu à fouiller et les personnes ou les choses à saisir.

ARTICLE V

Nul ne sera tenu de répondre d'un crime capital ou infamant sans un acte de mise en accusation, spontané ou provoqué, d'un Grand Jury, sauf en cas de crimes commis pendant que l'accusé servait dans les forces terrestres ou navales, ou dans la police, en temps de guerre ou de danger public ;

Nul ne pourra pour le même délit être deux fois menacé dans sa vie ou dans son corps ;

Nul ne pourra, dans une affaire criminelle, être obligé de témoigner contre lui-même, ni être privé de sa vie, de sa liberté ou de ses biens sans procédure légale régulière ; nulle propriété privée ne pourra être réquisitionnée dans l'intérêt public sans une juste indemnité.

ARTICLE VI

Dans toutes poursuites criminelles, l'accusé aura le droit d'être jugé promptement et publiquement par un jury impartial de l'État et du district ou le crime aura été commis.

le district ayant été préalablement délimité par la loi -, d'être instruit de la nature et de la cause de l'accusation, d'être confronté avec les témoins à décharge, d'exiger par des moyens légaux la comparution de témoins à charge, et d'être assisté d'un conseil pour sa défense.

ARTICLE VII

Dans les procès de droit commun où la valeur en litige excédera vingt dollars, le droit au jugement par un jury sera observé, et aucun fait jugé par un jury ne sera examiné de nouveau dans une cour des États-Unis d'Afrique de l'Ouest, autrement que selon les règles du droit commun.

ARTICLE VIII

Des cautions excessives ne seront pas exigées, ni des amendes excessives imposées, ni des châtiments cruels et exceptionnels infligés.

ARTICLE IX

L'énumération de certains droits dans la Constitution ne pourra être interprétée comme déniant ou restreignant d'autres droits conservés par le peuple.

ARTICLE X

Les pouvoirs qui ne sont pas délégués aux États-Unis d'Afrique de l'Ouest par la Constitution, ni refusés par elle aux États, sont conservés par les États respectivement t/ou par le peuple.

ARTICLE XI

Le pouvoir judiciaire des États-Unis d'Afrique de l'Ouest ne sera pas interprété comme s'étendant à un procès de droit ou d'équité entamé ou poursuivi contre l'un des États par des citoyens d'un autre État, ou par des citoyens ou sujets d'un État étranger.

ARTICLE XII

Les électeurs se réuniront dans leurs États respectifs et voteront par voie électronique (et bulletin en confirmation) pour le président et le vice-président, dont l'un au moins n'habitera pas le même État qu'eux.

Ils indiqueront sur des bulletins séparés le nom de la personne qu'ils désirent élire président et de celle qu'ils désirent élire vice-président. Ils dresseront des listes distinctes de toutes les personnes qui auront obtenu des voix pour la présidence, de toutes celles qui en auront obtenu pour la vice-présidence, et du nombre de voix recueillies par chacune d'elles.

Ils signeront ces listes, les certifieront et les transmettront, scellées, au siège du gouvernement des États-Unis d'Afrique de l'Ouest, à l'adresse du président du Sénat. Celui-ci, en présence du Sénat et de la Chambre des représentants, ouvrira toutes les listes certifiées, et les suffrages seront alors comptés. La personne qui aura obtenu le plus grand nombre de voix pour la présidence sera président, si ce nombre représente la majorité de tous les électeurs nommés.

Si aucune n'a obtenu la majorité nécessaire, la Chambre des représentants choisira immédiatement le président, par scrutin, entre les trois personnes au plus qui auront réuni le plus grand nombre de voix. Mais, pour le choix du président, les voix seront recueillies par État, la représentation de chacun ayant une voix. Le quorum nécessaire à cet effet sera constitué par la présence d'un ou de plusieurs représentants de deux tiers des États, et l'adhésion de la majorité de tous les États devra être acquise pour la validité du choix.

Si la Chambre des représentants, quand le droit de choisir lui incombe, ne choisit pas le président avant le quatrième jour de mars suivant, le vice-président agira en qualité de président, de même qu'en cas de décès ou d'autre incapacité constitutionnelle du président. La personne qui réunira le plus grand nombre de voix pour la vice-présidence sera vice-président si ce nombre représente la majorité de tous les électeurs nommés ; si aucune n'a obtenu la majorité nécessaire, le Sénat choisira alors le vice-président entre les deux personnes sur la liste qui auront le plus grand nombre de voix.

Le quorum nécessaire est 24; cet effet sera constitué par la présence des deux tiers du nombre total des sénateurs, et l'adhésion de la majorité de tous les sénateurs devra être acquise pour la validité du choix. Mais aucune personne inéligible, de par la Constitution, à la charge de président ne pourra être élue à celle de vice-président des États-Unis d'Afrique de l'Ouest.

ARTICLE XIII

Section 1. Ni esclavage ni servitude involontaire, si ce n'est en punition d'un crime dont le coupable aura été dûment convaincu, n'existeront aux États-Unis d'Afrique de l'Ouest, ni dans aucun des lieux soumis à leur juridiction. L'état fédéral se chargera d'enquêter sur tous les cas suspects de servitude, notamment des mineurs, cédés en paiement des dettes familiales.

ARTICLE XIV

Section 1.

Toute personne née ou naturalisée aux États-Unis d'Afrique de l'Ouest, et soumise à leur juridiction, est citoyen des États-Unis d'Afrique de l'Ouest et de l'État dans lequel elle réside. Aucun État ne fera ou n'appliquera de lois qui restreindraient les privilèges ou les immunités des citoyens des États-Unis d'Afrique de l'Ouest ; ne privera une personne de sa vie, de sa liberté ou de ses biens sans procédure légale régulière ; ni ne refusera à quiconque relève de sa juridiction légale protection des lois.

Section 2.

Nul ne sera sénateur ou représentant au Congrès, ni n'occupera aucune charge civile ou militaire du gouvernement des États-Unis d'Afrique de l'Ouest ou de l'un quelconque des États, qui après avoir prêté serment, comme membre du Congrès, ou fonctionnaire des États-Unis d'Afrique de l'Ouest, ou membre d'une législature d'État, ou fonctionnaire exécutif ou judiciaire d'un État, de défendre la Constitution des États-Unis d'Afrique de l'Ouest, aura pris part à une insurrection ou à une rébellion contre eux, ou donné aide ou secours à leurs ennemis. Mais le Congrès pourra, par un vote des deux tiers de chaque Chambre, lever cette incapacité;

Section 3.

La validité de la dette publique des États-Unis d'Afrique de l'Ouest, autorisée par la loi, y compris les engagements contractés pour le paiement de pensions et de primes pour services rendus lors de la répression d'insurrections ou de rébellions, ne sera pas mise en question.

Mais ni les États-Unis d'Afrique de l'Ouest, ni aucun État n'assumeront ni ne payeront aucune dette ou obligation contractée pour assistance à une insurrection ou rébellion contre les États-Unis d'Afrique de l'Ouest, ni à aucune réclamation pour la perte ou l'émancipation d'esclaves, et toutes dettes, obligations et réclamations de cette nature seront considérées comme illégales et nulles.

ARTICLE XV

Section 1.
Le droit de vote des citoyens des États-Unis d'Afrique de l'Ouest ne sera dénié ou limité par les États-Unis d'Afrique de l'Ouest, ou par aucun État, pour des raisons de race, couleur, de religion ou de condition antérieure de servitude.

ARTICLE XVI

Le Congrès aura le pouvoir d'établir et de percevoir des impôts sur les revenus, de quelque source qu'ils dérivent, sans répartition parmi les divers États, et indépendamment d'aucun recensement ou énumération.

ARTICLE XVII

Section 1.

Le Sénat des États-Unis d'Afrique de l'Ouest sera composé de deux sénateurs pour chaque État, élus pour six ans par le peuple de cet État, au suffrage universel par voie électronique (et bulletin en confirmation) ; et chaque sénateur aura droit à une voix.

Section 2.

Quand des vacances se produiront dans la représentation d'un État au Sénat, l'autorité exécutive de cet État convoquera les électeurs pour y pourvoir sous réserve que, dans chaque État, la législature puisse donner à l'exécutif le pouvoir de procéder à des nominations temporaires jusqu'à ce que le peuple ait pourvu aux vacances par les élections que la législature pourra ordonner.

Section 3.

Le présent amendement ne sera pas interprété comme affectant l'élection ou la durée du mandat de tout sénateur choisi avant que ledit amendement n'ait acquis force exécutive et ne fasse partie intégrante de la Constitution.

ARTICLE XVIII

Le droit de vote des citoyens des États-Unis d'Afrique de l'Ouest ne pourra être dénié ou restreint pour cause de sexe par les États-Unis ni l'un quelconque des États. Le Congrès aura le pouvoir de donner effet au présent article par une législation appropriée.

ARTICLE XIX

Section 1.
Les mandats du président et du vice-président prendront fin à midi, le vingtième jour de mai, et les mandats des sénateurs et des représentants, à midi, le troisième jour de mai des années au cours desquelles ces mandats auraient expiré si le présent article n'avait pas été ratifié ; et les mandats de leurs successeurs commenceront à partir de ce moment.

Section 2.
Le Congrès s'assemblera au moins une fois par an, et la réunion aura lieu à midi, le troisième jour de mai, à moins que, par une loi, il ne fixe un jour différent.

Section 3.
Si, à la date fixée pour l'entrée en fonctions du président, le président élu est décédé, le vice-président élu deviendra président.
Si un président n'a pas été choisi avant la date fixée pour le commencement de son mandat, ou si le président élu ne remplit pas les conditions requises, le vice-président élu fera alors fonction de président jusqu'à ce qu'un président remplisse les conditions requises ; et le Congrès pourra, par une loi, pourvoir au cas d'incapacité à la fois du président élu et du vice-président en désignant la personne qui devra alors faire fonction de président, ou la manière de la choisir, et ladite

personne agira en cette qualité jusqu'à ce qu'un président ou un vice-président remplisse les conditions requises.

Section 4.

Le Congrès pourvoira par une loi au cas de décès de l'une des personnes parmi lesquelles la Chambre des représentants peut choisir un président lorsque le droit de choisir lui incombe, et au cas de décès de l'une des personnes parmi lesquelles le Sénat peut choisir un vice-président lorsque le droit de choisir lui incombe.

ARTICLE XX

Section 1.

Nul ne pourra être élu à la présidence plus de deux fois, et quiconque aura rempli la fonction de président, ou agi en tant que président, pendant plus de deux ans d'un mandat pour lequel quelque autre personne était nommée président, ne pourra être élu à la fonction de président plus d'une fois.

Mais cet article ne s'appliquera pas à quiconque remplit la fonction de président au moment où cet article a été proposé par le Congrès, et il n'empêchera pas quiconque pouvant remplir la fonction de président, ou agir en tant que président, durant le mandat   au cours duquel cet article devient exécutoire, de remplir la fonction de président ou d'agir en tant que président durant le reste de ce mandat.

Section 2.

Le présent article ne prendra effet qu'après sa ratification comme amendement à la Constitution par les législatures de trois quarts des différents États dans un délai de sept ans à dater de sa présentation aux États par le Congrès.

ARTICLE XXI

Section 1.
Le droit des citoyens des États-Unis d'Afrique de l'Ouest de voter à toute élection primaire ou autre élection, ne sera dénié ou restreint ni par les États-Unis d'Afrique de l'Ouest, ni par aucun État, pour cause de non-paiement des taxes ou de tout autre impôt.

Section 2.
Le Congrès aura le pouvoir de donner effet aux dispositions du présent article par une législation appropriée.

ARTICLE XXII

Section 1.
En cas de destitution, décès ou démission du président, le vice-président deviendra président.

Section 2.
En cas de vacance du poste de vice-président, le président nommera un vice-président qui entrera en fonctions dès que sa nomination aura été approuvée par un vote majoritaire des deux Chambres du Congrès ;

Section 3.
Si le président fait parvenir au président du Sénat et au président de la Chambre des représentants une déclaration écrite leur faisant connaître son incapacité d'exercer les pouvoirs et de remplir les devoirs de sa charge, et jusqu'au moment où il les avisera par écrit du contraire, ces pouvoirs seront exercés et ces devoirs seront remplis par le vice-président en qualité de président par intérim.

Section 4.
Si le vice-président, ainsi qu'une majorité des principaux fonctionnaires des départements exécutifs ou de tel autre organisme désigné par une loi promulguée par le Congrès, font parvenir au président du Sénat et au président de la Chambre des représentants une déclaration écrite les avisant que le président est dans l'incapacité d'exercer les pouvoirs et de remplir les devoirs de sa charge, le vice-président assumera immédiatement ces fonctions en qualité de président par intérim.

Par la suite, si le président fait parvenir au président pro tempore du Sénat et au président de la Chambre des représentants une déclaration écrite les informant qu'aucune incapacité n'existe, il reprendra ses fonctions, à moins que le vice-président et une majorité des principaux fonctionnaires des départements exécutifs ou de tel autre organisme désigné par une loi promulguée par le Congrès ne fassent parvenir dans les quatre jours au président du Sénat et au président de la Chambre des représentants une déclaration écrite affirmant que le président est incapable d'exercer les pouvoirs et de remplir les devoirs de sa charge. Le Congrès devra alors prendre une décision ; s'il ne siège pas, il se réunira dans ce but dans un délai de 48 heures.

Si, dans les 21 jours qui suivront la réception par le Congrès de cette dernière déclaration écrite, ou dans les 21 jours qui suivront la date de la réunion du Congrès, si le Congrès n'est pas en session, ce dernier décide par un vote des deux tiers des deux Chambres que le président est incapable d'exercer les pouvoirs et de remplir les devoirs de sa charge, le vice-président continuera à exercer ces fonctions en qualité de président par intérim ; dans le cas contraire, le président reprendra l'exercice desdites fonctions.

ARTICLE XXIII

Section 1.
Le droit de vote des citoyens des États-Unis d'Afrique de l'Ouest âgés de dix-huit ans ou plus ne pourra être dénié ou restreint pour raison d'âge, ni par les États-Unis d'Afrique de l'Ouest, ni par l'un quelconque des États.

ARTICLE XXIV

Aucune loi modifiant la rémunération des services des Sénateurs et des Représentants n'entrera en vigueur tant qu'une élection des Représentants ne sera pas intervenue.

3. La spirale d'Or étoilée, le drapeau, et sa signification.

Simulation du drapeau des États-Unis d'Afrique de l'Ouest
(La spirale d'or étoilée) et ses couleurs arc-en-ciel (USOWA)

Le drapeau USOWA est un drapeau de proportion 10/19 souvent surnommé « Stars on Gold Spiral » (étoiles sur la spirale d'or) ou « la spirale d'or étoilée en arc-en-ciel ».

Il se compose de 16 fuseaux aux couleurs de l'arc-en-ciel, partant du centre aux rebords de la spirale, tissée de trois traits (rouge, jaune et bleu)

Au milieu de chaque fuseau et sur le trait de la spirale d'or, on trouve 15 étoiles à 5 pointes, arrangées en progression dorée.

Les 15 fuseaux étoilés représentent les 15 États fondateurs qui se sont unis pour former les États-Unis d'Afrique de l'Ouest. Le 16e fuseau marque l'ouverture au reste de l'Afrique, pour bâtir l'état fédéral africain
.

Ces fuseaux sont censés être cousus l'un à l'autre (et non pas imprimés) pour symboliser l'union ainsi scellée entre les États fondateurs.

La spirale d'or possède une propriété "eadem mutata resurgo" partielle, à savoir qu'elle est invariante par la similitude de centre O, de rapport π et d'angle $\pi/2$;

elle   approche   donc   une   vraie <u>spirale</u> <u>logarithmique</u> avec *m* défini par $e^{m\pi/2}$ = phi

donc d'équation polaire $\rho = a\,\varphi^{\frac{\theta}{\pi/2}}$ laquelle passe par les points A, A', A'' etc...
À chaque tour le rayon de la spirale d'or est multiplié par $\varphi^4 \simeq 6{,}9$; l'angle tangentiel polaire constant est

$$\psi = \operatorname{arc\,cot}\left(\frac{2}{\pi}\ln\varphi\right) \simeq 73°$$

Le drapeau USOWA traduit la divine proportion et l'œuvre qui va découler sera conforme aux lois de l'univers.

4. La devise de cette AFRIQUE, rassemblée partiellement

En Dieu, nous demeurons !

Telle est la devise des États-Unis d'Afrique de l'Ouest – USOWA, et de toute l'Afrique

La question, de la croyance ou non en Dieu, ne se pose pas chez les 'mélanisés', car ils sont des <u>porteurs de lumière</u>, au regard de leur énorme capacité de stockage et synthèse de la lumière du jour.

Ils fouillent pour trouver quelques modes d'expression et de manifestation de la divinité dans la densité de la matière.

Une quête participative à l'œuvre, à travers le corps physique (dans sa mortelle condition), exalté musicalement par l'harmonie cosmique. Nous demeurons en/avec lui.

Une étincelle de sa divine conscience venue admirer l'ouvrage, le jardin des splendeurs, l'univers manifesté, rendu visible à nos yeux, par l'astre du jour !

Ainsi Dieu fit toute chose, en divine proportion (nombre d'Or), et un attribua une qualité vibratoire ayant une correspondance numérique dans la hiérarchie des êtres et des choses, selon le plan de l'œuvre.

Cette connaissance est préchargée dans sa mémoire résiduelle afin qu'il veille à ne pas :

- s'abaisser au rang inférieur des bêtes (cruauté), bien que le fonctionnement de son corps, soit similaire à celui d'un animal.

L'accouplement avec les animaux est un errement interdit. La sélection naturelle des espèces se chargera d'éteindre toute hybridation sans archétype.

- détruire son habitacle (la terre) par sa voracité/férocité qui le pousse à une faim/soif, immodérés de tous les biens terrestres

- éteindre la diversité des espèces

- oublier qu'ils sont les adorateurs de l'astre du jour, le soleil, source de toute vie

5. L'hymne des porteurs de lumière

Hymne à Aton, psaume, L'Hymne à Aton aurait été rédigé par Amenhotep IV / Akhenaton.

- Ligne 1 :

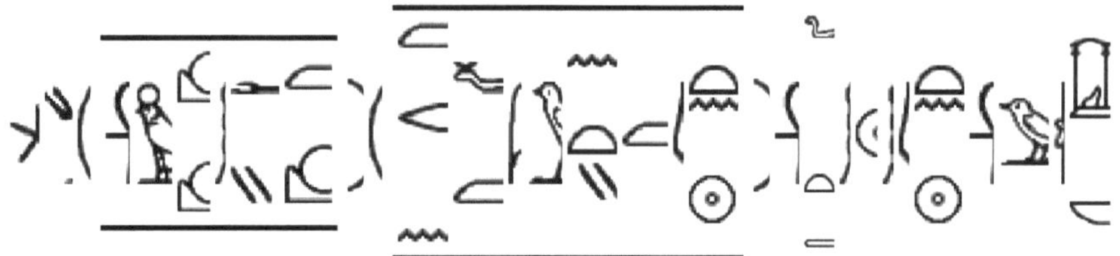

- Ligne 2 :

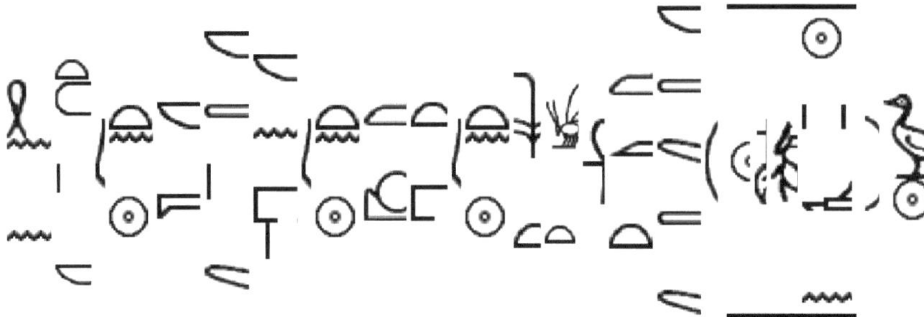

- Ligne 3 :

- Ligne 4 :

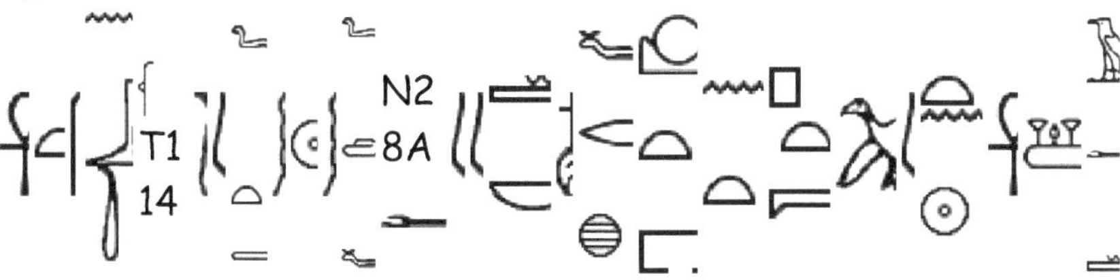

- Ligne 5 :

- Ligne 6 :

- Ligne 7 :

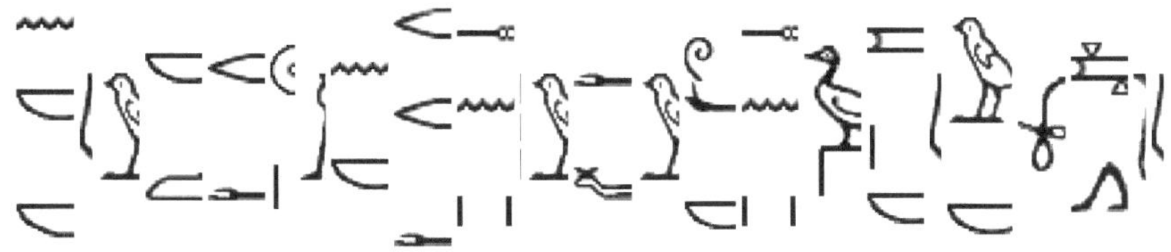

- Ligne 8 :

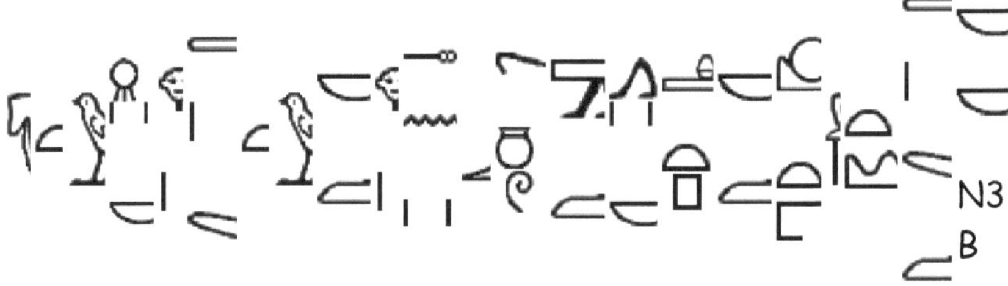

- Ligne 9 :

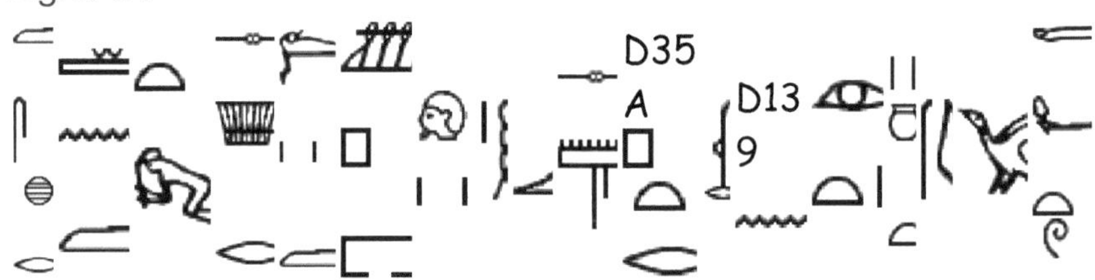

- Ligne 10 :

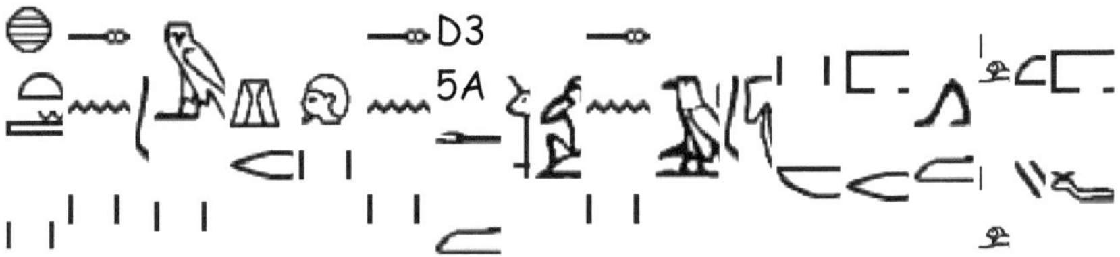

- Ligne 11 :

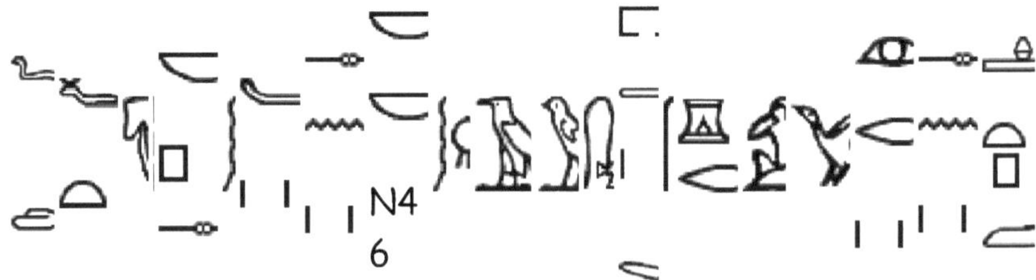

- Ligne 12 :

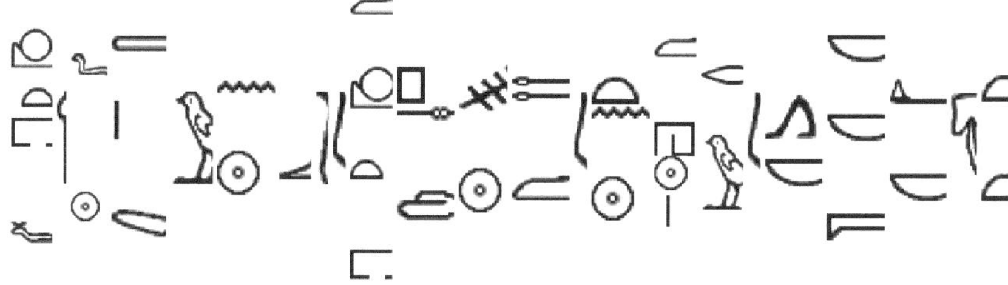

- Ligne 13 :

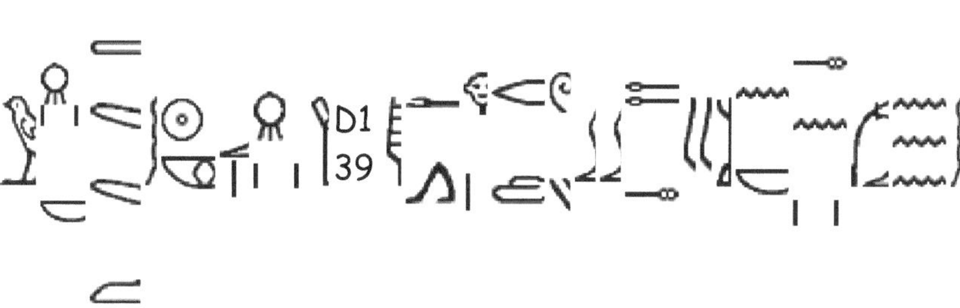

- Ligne 14 :

Hymne des USOWA (tiré de l'hymne à Aton d'Akhenaton

Tu te lèves beau dans l'horizon du ciel,
Soleil vivant, qui vit depuis l'origine.
Tu resplendis dans l'horizon de l'Est,
Tu as rempli tout pays de ta beauté.
Tu es beau, grand, brillant. Tu t'élèves au-dessus de tout pays.
Tes rayons embrassent les pays, jusqu'aux confins de ta création.

Refrain psalmodié par l'assistance)

Mmm Mmm Mmm   Mmm Mmm Mmm   Mmm Mmm Mmm   Mmm

Eééh éééh éééh   éééh éééh éééh   éééh éééh éééh   éééh

Oôô oôôo ôôô   ôôô ôôô ôôô   ôôô ôôô ôôô   ôôô

Toi qui es Rê, tu les soumets tout entiers,
Les liant tous pour ton fils aimé.
Tu es loin, mais tes rayons sont sur la terre.
Tu es sur le visage des hommes, et l'on ne connaît pas tes venues.
Quand tu reposes à l'Occident, sous l'horizon,
La terre est dans une ombre, semblable à celle de la mort...
À l'aube, tu resplendis dans l'horizon, tu illumines, toi le soleil;

Refrain psalmodié par l'assistance

Mmm Mmm Mmm   Mmm Mmm Mmm   Mmm Mmm Mmm   Mmm

Eééh éééh éééh   éééh éééh éééh   éééh éééh éééh éééh

Oôô oôôo ôôô   ôôô ôôô ôôô   ôôô ôôô ôôô   ôôô

Dans le jour, tu chasses le noir lorsque tu donnes tes rayons.
Les Quinze Pays s'éveillent en fête, les hommes se lèvent sur leurs pieds,
À cause de toi, ils lavent leur corps, prennent leurs vêtements ;
Leurs bras s'ouvrent pour adorer ton lever,
La terre entière fait son ouvrage...

Refrain psalmodié par l'assistance

Mmm Mmm Mmm   Mmm Mmm Mmm   Mmm Mmm Mmm   Mmm

Eééh éééh éééh   éééh éééh éééh   éééh éééh éééh éééh

Oôô oôôo ôôô   ôôô ôôô ôôô   ôôô ôôô ôôô   ôôô

Tu donnes à ce que tu crées le souffle qui l'anime.
Combien nombreuses sont tes œuvres mystérieuses à nos yeux !

Tu as créé la terre selon ton cœur, alors que tu étais seul,
Tu as mis chaque homme à sa place
Leurs langues sont diverses en paroles,

Leurs caractères aussi et leur teint diffère ;
Que tu sois loin ou te rapproches,

Refrain psalmodié par l'assistance

Mmm Mmm Mmm   Mmm Mmm Mmm   Mmm Mmm Mmm   Mmm

Eééh éééh éééh   éééh éééh éééh   éééh éééh éééh   éééh

Oôô oôôo ôôô   ôôô ôôô ôôô   ôôô ôôô ôôô   ôôô

Attitude du citoyen durant l'hymne

Lorsque l'hymne est exécuté, les citoyens des États-Unis d'Afrique de l'Ouest marquent leur attachement aux idéaux de leur nation , en mettant les mains et les bras ouverts au-dessus de la tête (comme indiqué dans la photo ci-dessus), et psalmodient aux refrains.

Le Kemetic Sun Salutation est exécuté partiellement (position 1 et position 11)
Les mains se touchent par les paumes et sont mises face au visage, puis on lève les bras ouverts au-dessus de la tête, avec les paumes tournées vers le haut, afin que l'ensemble soit en forme de réceptacle des sublimes effluves

Le 21e siècle sera spirituel ou pas (connaitra l'hécatombe nucléaire). Ce 'Sun salutation' peut être précédé, chaque matin de cette psalmodie, avec la main gauche sur le cœur et l'index de la main droite au milieu de front.

Je te remercie mon Dieu, pour le retour de la conscience en moi

Je te remercie pour le privilège qui m'a été accordé de participer, un jour de plus, à l'accomplissement de tes desseins et de poursuivre ainsi, mon évolution sur ce plan de compréhension.

Garde-moi, sans cesse, en contact avec ta conscience et accorde-moi le privilège de recevoir les inspirations qui me sont nécessaires. Qu'il en soit ainsi !

Ne pas éteindre, connexion et chargement en cours

6. Les urgences panafricanistes

La contestation du 14 septembre 2019, contre l'arrimage de la nouvelle monnaie ECO à l'euro qui conduit ipso facto l'élargissement de la zone FCFA aux autres pays de l'Afrique de l'Ouest, est une résistance légitime, car l'euro est une monnaie trop forte pour les économies africaines. La fausse stabilité de la parité fixe va anéantir encore les espérances de croissance. Bien que libres, les anciens esclaves ne souhaitent pas quitter le confort de la plantation du maître et préfèrent continuer à y monnayer leur force de travail, abondante et bon marché. Les négriers noirs sont à la tâche.

La seconde contestation urgente est celle de dire NON AU NUCLÉAIRE en Afrique. Le potentiel énergétique (hydroélectrique, éolien, solaire, maritime et gazier) est si GIGANTESQUE, que l'Afrique n'a pas besoin d'importer le danger nucléaire et en plus à des couts très chers. Les centrales nucléaires proposées 'clé en main' à certains pays africains sont à prendre dans la perspective d'y stocker les déchets nucléaires de ces pays (Russie, Chine)

La disparition des forêts et la vente des terres sont les urgences de la contestation des mobilisations 'citoyennes' à structurer en panafricanistes.

L'anticipation

La contestation montre que les noirs sont encore dans la défensive émotive
Il faut atteindre le stade de la réflexion 'froide' et de l'anticipation qui conduit à la stratégie sur le long terme.

Une volonté politique affirmée doit porter les ambitions et les idéaux des peuples africains et panafricanistes. Kemi S. peut porter notre voix forte.
L'écho de la cloche de la monnaie ECO, dans l'inconscient collectif et mental des africanistes, vient d'annoncer la fin des micro-États et des petits rois

Anticipation 1 : Création symbolique de : USOWA (USWA)

UNITED STATES OF WEST AFRICA – ÉTATS UNIS D'AFRIQUE DE L'OUEST

Rédaction complète des textes (constitution) et autres symboles de l'état fédéral (drapeau, armoiries, etc.)
Proclamation symbolique de la naissance USOWA et Investiture de l'autorité morale pour incarner la nation dans toutes les tribunes

USOWA est le premier embryon POLITIQUE de la naissance plus tard des ÉTATS UNIS D'AFRIQUE, à la suite de la mise en œuvre effective de la zone de libre échange du continent (ZLEC).

Ce coffret USOWA (USWA) sera envoyé à tout citoyen/parti/association et gouvernement de tous les pays de l'Afrique de l'Ouest. Le contenu sera vocalisé et mis en ligne sur le site www.yékola-Sobëgge-liguéy.org pour une diffusion audio gratuite.

Mentalement, la prochaine génération doit être prête pour un état fédéral

USOWA – USWA

Anticipation 2 : Création des réserves d'OR, africaines

Personne ne pense à un état fédéral sans sa monnaie propre (UE, USA)

Convaincre le président du Ghana, NANA AKUFO de laisser créer par des privés (Dansoté, Avon, …), ayant un agrément donné par le gouvernement, qui transmet à l'AMF (agence des marchés financiers de la CEDAO) avec avis favorable

Attendre la réception de l'accord formel, d'acceptation de création de
la CDCRA,   CAISSE DES DÉPÔTS, CONSIGNATION et DES RÉSERVES AFRICAINES D'OR

Ce business privé achète à un tarif préférentiel (accord pan africanité des états producteurs), l'OR produit partout en Afrique

Elle se constitue des réserves d'OR, progressivement avec l'ambition d'atteindre dans 5/10 ans le même niveau de réserves OR et devises que la FED/USA

Comment ?

La voix forte de Kemi va s'élever jusqu'aux confins de l'Afrique pour cotiser un dollar par jour à chaque panafricain, soit 360 dollars par an pour 500 millions d'habitants. Ils sont tous actionnaires, petits porteurs CDCRA

Les souscriptions se feront par mobile money dans un compte mobile money ouvert dans chaque pays

Je ne cite pas les privés fortunés ou les classes moyennes, ni les états parties prenantes, ni tous ceux qui dans le monde cherchent où placer leurs fonds

La voix forte de Kemi va inviter les états africains producteurs d'OR de le vendre préférentiellement à la caisse des réserves africaines d'OR, au meilleur prix, HT. Un exercice positif de souveraineté.

La caisse fonctionne par des dépôts et consignations dans un premier temps jusqu'à la constitution des réserves d'OR

Elle devient ensuite l'incubateur de la monnaie unique de l'USOWA grâce à ses réserves et peut fixer le taux directeur en accord avec les banques centrales secondaires.

Anticipation 3 : Diffusion du savoir dans les langues africaines

VOCALISER le savoir accumulé par l'humanité et de le rendre accessible à l'homme africain, dans toutes les langues du continent, en commençant par le Wolof.

Les nouvelles technologies autorisent de nouveaux modes d'acquisition du Savoir, en exploitant l'aspect ORAL de la transmission des connaissances propres à l'Afrique.

Mettre les connaissances scolaires à la disposition du plus grand nombre de jeunes, par la vocalisation des livres et des cours des écoles et universités du Sénégal et de l'Afrique de l'Ouest puis de l'Afrique en général.

Fournir le service d'accès au livre audio à travers la plateforme, par un accès gratuit, à travers une application sous smartphone et internet.

Vulgariser l'usage de liseuses 'préchargées' des manuels scolaires (cours/exercices) programmés par le ministère de l'Éducation de chaque pays, pour chaque niveau (primaire, secondaire, universitaire). Ainsi le livre papier est disponible à la bibliothèque de chaque établissement scolaire et les parents n'ont plus l'obligation d'effectuer les dépenses des manuels scolaires.

Préparer une élite et une main d'œuvre qualifiées pour répondre au virage que prennent les entreprises vers la RSE et l'économie circulaire, afin de remettre le citoyen cœur de l'essor économique, conformément aux ODD, objectifs de Développement Durable.

Anticipation 4 et 5 : L'eau douce et les terres arables

Produire et transporter l'eau douce jusqu'à l'intérieur du continent, dans les terres arides, après dessalement d'eau de mer, en grande quantité.
La prochaine guerre est celle de l'eau douce.

Pourquoi vendons-nous nos terres arables aux Chinois et autres ? La voix forte de Kemi Saba va s'élever encore une fois pour dénoncer tous ces contrats léonins, recensés pays par pays.

Anticipation 6

Production abondante d'électricité pour un raffinage local des minerais

Tous les minerais seront raffinés localement pour deux avantages majeurs
1. impact environnemental réduit par la proximité extraction/transformation
2. meilleur cout de production par la présence de l'électricité abondante et bon marché, et l'installation à proximité des industries à base des minerais

Anticipation 7

L'avenir désirable de l'humanité et une part de stratégie de ce futur proche

Lorsque nous africains (karités) disons que nous allons bâtir l'Afrique, nous parlons de l'avenir désirable de toute l'humanité.

Une part de stratégie associe, nos frères humains, Indo-européens (actuels blancs) pour trois raisons ;

- une seule race humaine avec ses ethnies (noire, blanche et jaune)
- intégrer l'ethnie blanche dans un continent à dominante noire, afin de leur enseigner la fraternité universelle sans obsession de domination absolue et de faire varier leur échelle de valeurs pour la conservation des ressources de notre habitacle commun qu'est la terre.
- Aucune race n'ira seule sur une planète B, après avoir saccagé la présente Terre. Les partisans de l'ethnie pure 'ARYENS' sont actifs partout, mais le taux d'hybridation n'a jamais dépassé 25 %, signe de la sélection naturelle qui s'opère dans les espèces.
- Le grand remplacement n'aura pas lieu et n'est pas souhaitable (arche de Noé pour la conservation des espèces de tout type)

L'énergie est mise dans la création et non dans la contestation de quelque chose qui est facile à surmonter

Puisse Dieu nous aider à avoir en plus d'un mental de guerrier (endurant, persévérant et résilient), l'écoute et l'entendement au niveau requis pour la construction de la nouvelle humanité

Yôga Yôga Yôga (écoute, écoute, écoute)
Azambé, â Zambé, Azambé (Dieu et ses manifestations
multiples)
Ngui lè mbé, (ainsi j'ai parlé, j'ai dit, disent les 'akoua' du nord
Congo B)

7. Les piliers et fondements de l'état fédéral

Les piliers et fondements sont :

La volonté politique citoyenne
- La constitution, le drapeau et la devise de l'état fédéral, USOWA (USWA), par la société civile, SYMBOLIQUEMENT, au départ pour contourner les pesanteurs.

La souveraineté économique
- La Caisse de réserves d'Or d'Afrique, Dépôts et consignation
- Wari-Wara, la monnaie unique, garantie par les réserves fédérales d'Or

L'indépendance culturelle (sortir des chaines de l'esclavage mental)
- Matatu, le moteur de recherche, avec des contenus, culturellement africain
- Construction de la réplique (grandeur et nature) de la pyramide de Saqqara, dans les montagnes entre Sèquouè et Parakou ; lieu d'élévation du niveau scientifique et spirituel.
- Construction dans chaque pays, membre de l'union, des répliques plus petites de la pyramide de Saqqara ; lieux de reconnexion scientifique et spirituelle

La vision

Bâtir, l'avenir désirable de l'humanité. L'Afrique.

Bâtir cette Afrique ;
- En apportant l'eau douce, dans les terres arides de l'intérieur du continent, après dessalement d'eau de mer, afin de planter, quantitativement, les légumes et arbres fruitiers de la sécurité alimentaire du continent et du pouvoir d'achat du citoyen.
- Écologique par le recyclage ;tout déchet totalement recyclé, tout métal entièrement récupéré et retraité, car les métaux seront en voie de raréfaction, nettoyage des océans, fleuves, rivières et villes.
- En conservant les écosystèmes forestiers, par la reforestation massive des espaces déboisés sauvagement. Exploitation du bois sur des espaces et espèces reboisés,
- Sans importer le danger nucléaire, car elle dispose d'un énorme potentiel énergétique
- Transformant localement les minerais, à proximité de leur lieu d'extraction, afin de limiter l'impact environnemental et réduire les couts de production biens dérivés des minerais extraits sur le continent.
- Terre de 'melting pot' de toutes les ethnies (noire, jaune et blanche) de la race humaine, unique, malgré la variation du taux de pigmentation en mélanine

7.1. Les explications détaillées de la réserve d'Or de l'Afrique

I. CRÉATION DE LA CDCRAO

Quelques personnes averties, accompagnées des hommes d'affaires, mises dans la confidence, vont créer sous la bénédiction du Président du Ghana, la Caisse des Dépôts et Consignations des Réserves d'Or du continent Africain, avec un siège à Accra.

Le projet, rédigé et présenté dans les formes exigées par les textes en vigueur, validé par le gouvernement du Ghana, sera transmis aux instances communautaires (COSUMAF ou autre) pour l'obtention des agréments de fournisseur des services financiers

II. OBJECTIFS

- la mission fondamentale est de constituer les réserves en or, les plus importantes du continent, à travers l'achat de la production d'or de toute l'Afrique ; dix mille (10 000) tonnes d'OR, tel est l'objectif sur 10 ans.
- une des mesures les plus urgentes, quant à la dette publique des états, est de se séparer du service journalier des arriérés, et affecter celui-ci à l'amortissement.
- c'est en même temps une caisse de garantie et de dépôt. Son

rôle est de garantir le paiement des obligations en souffrance, de contribuer à l'amortissement de la dette, et, accessoirement, de concourir à l'établissement de la RÉSERVE FÉDÉRALE (fonts-baptismaux de la monnaie unique africaine).

III. fédéralisme panafricain des opérations de la caisse

Bien que privée, l'activité de la caisse est pénétrée de la nécessité de fonder le crédit des États africains ;
- le moyen le plus efficace est d'assurer la régularité du service de la dette

- que le jeu régulier d'un amortissement, atténuant chaque année une partie de la dette publique, offre une garantie aux créanciers pour le service annuel des intérêts et pour le remboursement du capital de leurs créances, à la condition que le service de l'amortissement soit mis au premier rang des charges publiques et soit solidement assuré.

Comme caisse d'amortissement, la Caisse d'amortissement est chargée de toutes les opérations relatives à l'amortissement de la dette publique.

Comme caisse de garantie, du remboursement à présentation des obligations souscrites par les receveurs généraux qui ne seraient point acquittées par eux ; de la comptabilité générale des cautionnements, de leur remboursement dans les cas prévus par les lois, et la distribution des intérêts qui y sont attribués.

Comme Caisse des Dépôts, du service des consignations dans tout le continent

- du dépôt et du placement en accumulation du produit des effets militaires mis hors de service

- placement en accumulation des retenues, faites sur le traitement des employés, consolidées pour former un fonds de retraite, des administrations publiques, ou de leur conversion en 5 %

- du placement du produit libre des biens communaux, du dépôt des biens communaux, du dépôt du dixième du revenu foncier des communes, destiné à l'entretien du culte, et leur contingent pour l'établissement des dépôts de mendicité, du dépôt des produits et droits sur la sortie des grains.

Chronogramme à venir

2020 : projet privé de constitution des réserves d'OR, d'Afrique

2020 : projet privé de moteur de recherche à contenu africain

2020 : Création, symbolique et solennelle, de l'état fédéral, USOWA.

Mise en place, par intérim, des institutions fédérales.

7.2   Un mot sur la monnaie unique de l'état fédéral

Le nom de la monnaie : Wari-Wara

La parité : une parité flottante, fixée au 1/3 du dollar

Garantie : réserves d'Or et devises, à constituer en quantité et en valeur, équivalentes ou supérieures à celles de la FED / USA.

7.3. Le moteur de recherche, avec un contenu africain

PROJET   PRIVÉ

Matatu

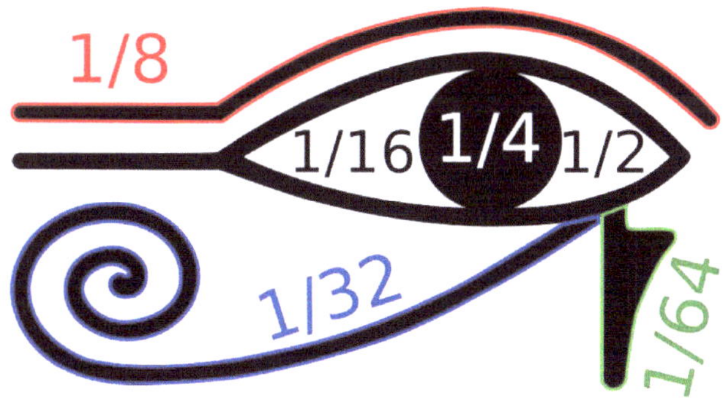

Le mail du moteur de recherche Maat-Matatu

Mmail ou Maatmail

8. L'action pour bâtir cet avenir désirable de l'humanité

Avec toutes les ressources minières, le potentiel énergétique énorme et la forte jeune démographie du continent, les Africains sont-ils capables de bâtir cet avenir désirable de toute l'humanité.

Lorsque l'état fédéral aura réussi à financer le projet EAU DOUCE « produire et transporter l'eau douce jusque dans les terres arides de l'intérieur de l'Afrique, après dessalement d'eau de mer», un minimum de pouvoir d'achat sera garanti à chaque citoyen.

La sécurité alimentaire ne dépendra plus des importations, ni de l'aide d'urgence et ni des aléas climatiques, car la présence de l'eau dans ces terres arides autorisera une production agricole en toutes saisons au lieu de 2 mois sur 12.

Toute la production d'or du continent sera achetée pour constituer les réserves d'OR de l'état fédéral USOWA, avec l'objectif en dix ans de dix mille (10 000) tonnes d'OR.

La répartition géographique du siège des instances et ouvrages de l'USOWA
- les réserves d'or et caisse de dépôts et consignation à ACCRA
- le SÉNAT à ABUJA

- l'assemblée ou chambre des représentants à Ouagadougou
- la capitale fédérale à Freetown (Sierra Leone)
- la réplique de la pyramide Saqqara au Bénin

Annexes

Communiqué de presse
Le projet Eau Douce (extrait Sunugal&Africa Digest)
Le port méthanier de Kaolack
Les pôles universitaires

Communique de presse

Nous informons le public de l'espace CEDEAO de la tenue des

JOURNÉES DE LA SOCIÉTÉ CIVILE ET DU CITOYEN
à (ACCRA) (COTONOU) (OUAGADOUGOU)
du 12 au 14 février 2020

Thème de la session 2020

Réflexion sur l'opportunité de la création d'un état fédéral en
Afrique de l'Ouest

J : accueil des congressistes
    Débats, validation et adoption du projet de constitution

J+1 : - Débats et approbation des emblèmes ;
drapeau, hymne, devise et la capitale – siège
-   débats et approbation des projets 'piliers et fondements'

J+2 : Cérémonie solennelle de la naissance symbolique de

l'USOWA
        Élection des trois principaux dirigeants intérimaires

Les informations détaillées sur cet évènement seront disponibles
Envoyer vos critiques et contributions
sur le site www.usowa.org et par email : usowa@gmail.com
phone :
Adresse postale BP

Communique de presse

Nous informons les croyants et le public, de la tenue de la

RENCONTRE DES IMAMS DE L'ESPACE CEDAO
à ZINDER (NIGER)
du 12 au 14 Mai 2020

Thème de la session 2020

La paix par l'islam dans l'espace CEDEAO

J : accueil des Imans et des croyants
    Débats, validation et adoption du projet de l'accord avec les
croyants de BOKO HARAM

J+1 : - Débats et approbation ;
                Le temps de parole est donné aux émissaires de Boko
Haram, devant les autres croyants

Dialogue entre croyants pour une religion de paix

J+2 : Cérémonie solennelle de la naissance symbolique de l'ISLAM DE PAIX dans l'USOWA
   Élection des trois principaux dirigeants intérimaires

Les informations détaillées sur cet évènement seront disponibles
Envoyer vos critiques et contributions
sur le site www.usowa.org et par email : usowa@gmail.com
phone :
Adresse postale BP

Sunugal&AfricaDigest n° 03 bis du 11/ 08/2019

Sunugal & Africa Digest	OPPORTUNITÉ D'INVESTISSEMENT RESPONSABLE

Projet

Eau Douce D'Érythrée
EDDE

EAU DOUCE D'Érythrée, la phase visible, du besoin basique de l'Afrique. Un seul projet, pour sortir tout le continent de la misère et la pauvreté. EDDE consiste à produire et transporte l'eau douce jusque dans les terres arides de l'hinterland après dessalement d'eau de mer, en grande quantité, un million de m^3 par jour.

Constats

L'Afrique, avec sa population, jeune à 60%, reste le continent de tous les possibles et est le 'futur désirable de l'humanité'.

Dans la problématique de l'atteinte de OMD, de la lutte contre la pauvreté, de l'amélioration du niveau de vie des populations, de la facilitation de l'accès à l'eau e à une eau potable de qualité, ainsi que dans l'intention (et la volonté politique) de faire de l'Érythrée un pays émergent à l'horizon 2025, l'état initialise le présent projet ; EAU DOUCE D'Érythrée - EDDE.

De toute évidence, il s'agit de :
- Assurer la disponibilité l'eau douce sur l'ensemble du territoire national
- Rendre potable l'eau douce pour toutes les contrées (villes et villages)
- Amener l'eau douce jusque dans les terres arides de l'intérieur de l'Érythrée pour accroître, significativement, les périmètres irrigués
- Planter, quantitativement, des arbres fruitiers et légumes dans le pays ;
- Faciliter et encourager la mise en place de l'industrie agroalimentaire ;
- harmoniser et de standardiser à un haut niveau de qualité, la production agricole de l'Érythrée,

Le déficit en eau douce potable dans l'immensité de l'espace (Érythrée, Éthiopie, Soudan) reste un facteur de famine, de pauvreté et de sous-développement, mais, et peut être perçu aussi comme un problème principal à résoudre pour des plus grandes plus-values

L'état érythréen se propose de mettre en chantier le présent PROJET DE PRODUCTION ET DE TRANSPORT D'EAU DOUCE SUR L'ENSEMBLE DU TERRITOIRE NATIONAL ERYTHREEN, PAR DESSALEMENT D'EAU DE MER

Problèmes à résoudre

De ce fait, étant donné que l'Érythrée dispose des atouts en termes d'être un pays côtier peut (et veut), s'il est bien organisé et mieux géré, renforcer sa capacité de production et de distribution d'eau douce sur l'ensemble du territoire national et en Éthiopie.

- L'installation de cinq unités de dessalement de 200 000 m^3 chacun par jour, soit une capacité d'un (1) million de m^3 par site pour un total de deux sites : Tiyo et un autre à choisir.

- L'installation des infrastructures de transport (pipe-line et maillage du territoire en tuyaux), de stockage (châteaux d'eau et citernes) pour les villages et périmètres agricoles, et des unités de potabilisation de petites et moyennes tailles adaptées à la consommation de chaque agglomération

- La création de la société privée de gestion des infrastructures de production et de transport d'eau douce (LES EAUX D'ÉRYTHRÉE), avec 30% des parts détenues par l'état de l'Érythrée dans le capital

- La signature anticipée, sous la supervision du gouvernement de la république ,du WATER PURCHASE AGRÉMENT, entre la société LES EAUX D'ÉRYTHRÉE (un comité de pilotage sera mis en place), les sociétés de distribution actuelles et futures, les collectivités locales, et les banques parties prenantes du montage financier DE LA VENTE DE L'EAU aux grossistes.

- La génération d'une politique de PLANTING des arbres fruitiers et des légumes, sur des terres irriguées, cédées en location à des privés, nationaux et étrangers, sur des petites surfaces (un à cinq hectares) et pour des exploitations industrielles sur des étendues de plus de 10 ha.

- L'initialisation d'une politique d'accompagnement technique et financière des nationaux dans la création des industries agroalimentaires à base de fruits et légumes

- La formation de personnel dans les domaines techniques et en matière de gestion et de leadership. La formation technique et financière pour investir dans les équipements et matériels d'apprentissage de qualité et de production des fruits et légumes, selon les nouveaux standards plus respectueux de l'environnement

- La majorité de personnels (agricole) est formée "sur le tas" et ne possède, ni les qualifications (nos paysans seront bacheliers), ni l'expérience suffisante (les savoirs ancestraux n'ont pas été transmis aux nouvelles générations)

Problèmes à résoudre

Potentiels bénéficiaires et résultats attendus

Les bénéficiaires du Projet seront :

- Le Gouvernement qui a reçu mission et mandat du Président de la République de promouvoir la réduction de la pauvreté du citoyen sénégalais, par l'amélioration de l'accès à l'eau potable ;
- Les sociétés de distribution d'eau (présente et à créer par la libéralisation du secteur de distribution de l'eau, notamment dans les villages de l'intérieur du pays)
- Les collectivités locales et les conseils départementaux par l'accroissement des surfaces et périmètres irrigués par la présence de l'eau douce
- Les riverains du fleuve Sénégal, dans leurs activités 'agricole et aquaculture'
- Les populations du Sénégal par l'accès facilité à l'eau potable, grâce à sa disponibilité de proximité, à son transport partout au Sénégal
- Les différents acteurs de la vie sociale et économique du Sénégal (prestataires de services) qui bénéficieront d'une meilleure eau (quantitativement livrée et sans délestage, partout sur le territoire national) pour la conduite de leurs activités

Les résultats attendus de ce Projet sont :

1. Résultats à long terme :

    L'eau douce disponible, en quantité suffisante sans délestage, partout sur le territoire national.
    L'état, doté des infrastructures de production et de transport de l'eau douce, suite au dessalement d'eau de mer sur trois sites
    Le désert érythréen reverdit par des arbres fruitiers
    L'aquaculture, rendue possible par l'injection d'eau douce, à petites quantités journalières dans le Nil bleu,
    La vente de l'eau douce aux pays voisins (Éthiopia, Soudani), comme source de recettes et de devises étrangères
    Une dette pérenne (emprunt 25/30 ans) remboursée par la vente de l'eau
    Une extension du projet à l'Égypte

2. Résultats à moyen terme :

    L'état, doté d'un outil pour la résolution de l'épineux problème d'approvisionnement en eau douce et potable pour sa population sur l'ensemble du territoire national
    L'état, doté d'un puissant vecteur de réduction du niveau de pauvreté et des plus-values conduisant à l'émergence

Les principales réalisations du Projet sont les suivantes:

- Diagnostic pour la définition des besoins en eau douce et potable ;
- Identification des infrastructures existantes, des facilités d'accès, de leurs capacités de production et recueil d'informations utiles concernant les types d'infrastructures à mettre en œuvre pour l'atteinte de l'objectif ;
- Élaboration des critères d'éligibilité relatifs au choix des sites devant abriter les unités de dessalement, au choix du tracé du réseau de transport de l'eau et des sites devant abriter les ouvrages de stockage;
- Détermination des coûts du dispositif et de l'ingénierie ainsi que de la logistique sur les sites retenus ;
- Appui à la gestion et à la supervision du projet.

LA SOLUTION RESPONSABLE PROPOSÉE

Les coupures récurrentes d'eau dans les cités urbaines, le manque d'eau dans les campagnes et l'accroissement des besoins dû à la démographie galopante et l'essor de l'activité humaine constituent une sérieuse entrave au développement du pays.

L'insuffisance et le manque d'eau dans la zone sahélo-sahélienne demeurent une des causes de l'accentuation de la pauvreté et de la famine et des conflits sous diverses sortes

L'étude consiste à examiner la faisabilité de la mise en place des infrastructures de PROJET DE PRODUCTION ET DE TRANSPORT D'EAU DOUCE SUR L'ENSEMBLE DU TERRITOIRE NATIONAL ERYTHREEN, PAR DESSALEMENT D'EAU DE MER

Elle passera en revue les opportunités qu'offre l'accroissement des terres irriguées, dans la consommation de l'eau ainsi produite et transportée sur site

Elle émettra un avis motivé sur le laboratoire de contrôle qualité, et les potentielles industries agro-alimentaires. Une taille juridique sera donnée à la société 'LES EAUX D'ÉRYTHRÉE, pour sécuriser le remboursement de l'emprunt

1. 4. BÉNÉFICIAIRES ET ACTEURS

-        Le Gouvernement qui a reçu mission de conduire la réalisation du présent projet afin d'accroitre, quantitativement, la production, le transport et la distribution de l'eau douce sur l'ensemble du territoire national
-        Les agriculteurs et les industriels ont besoin d'augmenter le nombre d'employés qualifiés au sein de leur structure pour de meilleurs résultats
-        Dans le domaine de la supervision, l'état va aussi veiller au renforcement des capacités des cadres et personnels disponibles dans tous les domaines d'activités liés à la production, le transport et la distribution de l'eau douce ;
-        Les agriculteurs et différents prestataires et fournisseurs des services qui bénéficieront d'une bonne surveillance partout, veilleront à assurer leur production conformément aux lois et règlements pris en référence aux normes et standards internationaux.

Le pilotage du projet : 7

Étant donné que la démarche de l'état se fonde sur les déficiences et la nécessite d'aller à l'émergence, la gestion du Projet sera pilotée par un expert désigné du NAICCE et de MATICIA, en collaboration avec les instances ministérielles concernées.

Le coût, la durée et le plan de financement des études du Projet :

Le coût des études du Projet à exécuter en 6 mois est estimé un million d'euros, avec deux ateliers à savoir un atelier pour la validation du rapport à mi-parcours et un atelier sous-régional de validation du rapport final du projet.

L'OPPORTUNITÉ DURABLE

Leprojet apporte une réponse durable au besoin, en eau douce potable des populations et à l'opportunité qu'apporte la présence de l'eau douce dans les terres arides de l'intérieur de l'Afrique.

Il s'agit de valider la production d'eau douce, en grandes quantités, après dessalement d'eau de mer. Au cout basique de 100 FCFA le m3.

L'impact du projet dans l'économie en Afrique.

La mise en place des infrastructures de production, de transport et de distribution de l'eau douce sur l'ensemble du territoire national permettra aux différents acteurs du secteur agricole d'offrir à leurs clients une production de meilleure qualité à des prix très compétitifs

Cette disponibilité de l'eau douce potable va améliorer profondément le niveau de santé et de vie des populations et la possibilité à exercer des activités rémunératrices.

De ce fait, les Autorités auront en permanence la possibilité de maintenir les compétences requises répondant aux normes internationales de façon à garantir la sécurité alimentaire, partant à recréer un climat de confiance aux populations, consommatrices de l'eau douce potable.

Cette production/transport et distribution de l'eau potable sera un outil par excellence d'intégration sociale et économique en Afrique

<h1 align="center">RUPTURE TECHNOLOGIQUE et SITUATION CONCURRENTIELLE</h1>

Une revue et analyse co caractéristiques techniques et indicateurs de performances concurrentielles de maturité technologique, ne sont pas nécessaires, car le matériel et équipement utilisés sont du domaine grand public et ont fait leurs preuves de fiabilité PRO depuis quelques années avec satisfaction (Israël, Maroc)

La concurrence est encore inexistante au regard des sommes à investir, de la nature des travaux à conduire et du volume à produire (transporté et livrée) sur des sites distants.

ACTIFS, DATES 1, CHIFFRES CLES

Avril Mai et Juin Juillet à Décembre 2019	1. Transmission lettre d'intention du Projet . 2. Préparation des documents : Document de présentation du Projet, Business Plan, Manuel des emplois, etc. 3. Ingénierie financière, comptable, juridique, patrimoniale et fiscale 4. recherche partenariats financiers pour la mobilisation des fonds
2020 2021 2022	9. Début des travaux : construction usine de dessalement et pose tuyauterie 10. développement économique selon les paliers de croissance identifiés et qualifiés par ces nouveaux clients 11. lancement phase II et phase III du projet

Le projet est évalué au lancement à un cout global de 875 milliards de FCFA millions de FCFA

La société de gestion EDDE est une SA, au capital social de 50 millions de Fcfa (75000 euros), sera valorisée comptablement et patrimonialement à 200 000 euros, dont 100 % des restera détenu par les fondateurs et les primo-associés.
La part sociale (action) vaut 30 euros

SEGMENTS DE MARCHE

Le marché, des services fournis par EDDE présente des opportunités liées à :
- un monopole quasi étatique des producteurs d'eau douce
- des volontés politiques d'assurer et d'accroitre le niveau et la qualité de l'eau pour satisfaire les besoins croissants des populations.
- une rentabilité quel que soit le prix de vente des services ciblés et des gains (loi des grands nombres) sur le marché.
- la durée pérenne de l'emprunt proposé entre 30 et 50 ans.

Hormis l'Érythrée, où le projet va démarrer, les autres pays de l'Afrique de l'Est (Soudan, Éthiopie, Égypte) sont potentiellement bons pour le développement des activités similaires

Le Projet du port méthanier au Sénégal à Kaolack

Infrastructures

Côté GNL
- Terminal des bateaux méthaniers du fort tonnage pour une capacité d'un navire tous deux jours.
- Aires de stockage du GNL pour une capacité de 16 à 32 Gm^3
- Centrales à gaz de 300 MW chacun, soit une production de 3 à 6 GW
- Lignes HT/THT de maillage de toute l'Afrique de l'Ouest pour la vente
- Usines de mise en bouteille du GNL à des fins domestiques
- usines des gaz industriels
- Usines de dessalement d'eau de mer et tuyauterie de transport sur 1000 km
- usines des gaz industriels
- Usines de dessalement d'eau de mer et tuyauterie de transport sur 1000 km, avec pose de la fibre optique, pour connecter les pôles universitaires
- Usine de traitement et de recyclage des déchets urbains

Côté port classique
Terminal à conteneurs pour une capacité d'un navire tous les deux jours

Objectifs visés

- Création du second port en eau profonde au Sénégal
- Disposer des réserves de GNL de 16 à 32 Gm^3
- Production d'électricité de 3 à 6 GW et vente par les lignes THT/HI, à créer
- Mise en bouteille et commercialisation du gaz domestique et industriel
- Production d'eau douce par dessalement d'eau de mer et transport/vente de l'eau
- Accroissement des volumes des marchandises transités

Le Projet des pôles universitaires de l'Afrique de l'Ouest

Infrastructures
- Construction de deux pôles universitaires par pays, soit 30 pôles
- Chaque pôle universitaire comprenant plusieurs facultés est pourvu d'un internat de 10 000 places et des logements pour les enseignants
- chaque pôle sera couplé à un MÉDICAL CENTER, entièrement équipé (IRM, Scanner, plateau médical...), avec assurance maladie universelle pour tous.
- Chaque pôle est connecté aux réseaux, Eau Douce, Électricité et fibre optique qui traversent tous les pays de l'Union

Objectifs visés
- Accroitre significativement les infrastructures pour générer l'économie du savoir. dans l'espace USOWA
- Accroitre et diversifier l'offre en études universitaires dans

l'Union

- Constituer des lieux d'essor de l'activité intellectuelle et scientifique (le creuset de l'intelligentsia)
- Créer des points de consommation de la production agricole abondante réalisée par la présence de l'eau douce partout, jusque dans les terres arides des 15 pays des USOWA.
- Ramener 10 %, l'exil estudiantin par l'offre d'un enseignement de qualité et peu couteux, à proximité de nos villes à l'intérieur de l'union
- Valoriser l'intégration sociale par l'échange des étudiants et professeurs entre toutes les universités à l'intérieur de l'union
- Financer la recherche et soutenir l'innovation, ainsi que la mise sur le marché des technologies

UNITED STATES OF WEST AFRICA – USOWA / ÉTATS-UNIS D'AFRIQUE DE L'OUEST – EUAO

MANIFESTATION D'INTÉRÊT

Appel à contribution et Appel à projets

I.   Objectif stratégique visé :

Les États-Unis d'Afrique de l'Ouest lance cet appel à participation aux citoyens et recherche des partenaires pour la mise en place des 'piliers et fondements' de l'état fédéral (EUAO – USOWA) par des projets ci – dessus énumérés : .

II. Les enjeux et défis par ordre de priorité

a. Priorité ou Enjeu n°1 :

La constitution des réserves d'Or.

La première priorité de l'état fédéral USOWA, après sa proclamation symbolique est la constitution des réserves d'OR de l'Afrique, en dix ans à une quantité de dix mille (10 000) tonnes.

Cet appel à l'épargne public et privée avec un accent appuyé pour la prise d'action citoyenne à 1,3/1,5 (dollar) par jour, et durant 365 jours, à souscrire par mobile money dans les comptes pays qui seront communiqués, pour les plus démunis.

Une part est fixée à 500 dollars US pour un total de 100 millions de parts par, et durant dix ans. La rémunération des actions est prévue à 5 % et est versée le 15 janvier de l'année n+1.

La caisse des réserves d'or de l'Afrique, qui sera en même temps une caisse de dépôts et consignation, aura son siège à ACCRA (Ghana).

b. Priorité ou Enjeu n°2 : La production et le transport de l'eau douce dans USOWA.
L'état fédéral (USOWA) dit que l'urgence absolue de toute l'Afrique est ;
La production d'eau douce, par dessalement d'eau de mer, et son transport jusque dans les terres arides de l'Afrique, notamment la zone sahélo – sahélienne.

Pour l'Afrique de l'Ouest ;
- de Nouadhibou à Kidal, à Tombouctou et à Agadez
- de Nouakchott à Mopti, où le fleuve NIGER sera réalimenté en eau douce, à petites doses journalières.
- de Saint Louis à Kayes, où le fleuve SÉNÉGAL sera réalimenté en eau douce, à petites doses journalières
- de Kaolack à Kédougou/Saraya, afin de cultiver la totalité des terres du Sunugal
- de Ziguinchor (afin de cultiver la totalité des terres de Casamance) à Sikasso où le Djoliba sera réalimenté en eau douce, à petites doses journalières
- de San Pedro à Bobo Dioulasso, en arrosant les terres du nord de la Cote d'Ivoire et du sud du Burkina Faso (De Tabou

à Taï, samatiguila puis Manankoro, de Grand Lahou à Daloa puis Korhogo puis à Ouangolodougou,)
- de Newtown à Kotouba puis à Gaoua et à OUAGADOUGOU)
- de Cotonou, à Malanville, à Tillabéry à Agadez, en arrosant les terres du sud du Niger. Le fleuve NIGER sera réalimenté en eau douce, à petites doses journalières à Tillabéry.
- de BODOGRI, Shaki, Kalomo, Koko, Tambawell, Sokoto) va ancrer définitivement le NIGERIA dans le projet, avec ses dérivations, Sokoto – Dosso- Niamey, Dosso – Zinder - Diffa et SOKOTO – Kitsna – Maiduguri- Lac Tchad

Un emprunt 62,5 milliards d'euros pour les 15 pays, des États d'Afrique de l'Ouest

Une dette pérenne sur 50 ans pour atténuer les effets de la guerre de l'eau douce et diminuer la pauvreté par l'augmentation des périmètres irrigués et par conséquent la production des fruits et légumes.
La vente de l'eau remboursera l'emprunt à travers une société privée de gestion

Un seul projet pour sortir toute l'Afrique de la famine, de la pauvreté, de la massive importation des aliments de première nécessité et la paresse d'éternels assistés

c. la seconde urgence est la collecte, le traitement et le recyclage des déchets urbains

Nous sommes en présence d'un problème de santé publique. Il suffit de parcourir nos grandes villes pour s'en convaincre. Dès lors, on n'est pas surpris de l'épidémie de choléra o de typhoïde à Kinshasa ou de la prolifération des rats (de cimetière) à Brazzaville.

Construction des usines de traitement des déchets urbains dans toutes les grandes villes d'Afrique de l'Ouest.
La taxe 'déchets urbains' sera prélevée sur chaque ménage ou citoyen pour rentabiliser cette activité écologique, à faire gérer par les jeunes en entreprise

c. Enjeu N°3 :
La disponibilité permanente de l'électricité partout dans le continent comme une des conditions de l'émergence, à l'horizon 2025

L'USOWA, dans l'atteinte de ses objectifs de réalisation des conditions amenant à l'émergence de l'Afrique, a retenu comme troisième condition et priorité, la production abondante et bon marché de l'électricité propre et écologique, à travers :
- la construction de tous les barrages hydroélectriques,
- la valorisation du GNL par la construction des centrales à gaz
- l'implantation des centrales à énergies renouvelables et
- la mise en place du maillage HT/THT de l'ensemble du continent

Les énergies renouvelables, y compris l'hydroélectrique, restent la solution simple et rapide d'un développement accéléré et harmonieux, qui se fonde sur une source d'énergie propre et pérenne ad aeternam

La valorisation du Gaz, torché sur les plates formes et en

réserve.

Ce projet consiste à liquéfier le gaz, actuellement torché et en réserve de sous sol, à le stocker en grande quantité puis à :
- Exporter. Il sera construit des ports méthaniers ainsi que les aires de stockage à grande capacité pour faciliter le stockage et l'exportation du gaz liquéfié. Les études se pencheront aussi sur les possibles contrats d'achat du gaz comme mode de garantie des investissements.

- Consommer localement dans le continent. Les industries de mise en bouteille du gaz ménager et industriel, seront montées et les conditions de distribution et de commercialisation bon marché seront formalisées. Ces industries seront vendues à des privés pour garantir l'emprunt, mais aussi pour faire émerger l'économie par la diversification.

Enjeu n° 4 :
Mise en place dans les régions d'extraction des minerais, des industries de raffinage des minerais (fer, cuivre, aluminium, pétrole ...)

Il s'agit d'initialiser sur les sites avoisinants le gisement, le processus de traitement des minerais.
La bauxite, du Cameroun et de la Guinée Conakry, sera raffinée à 90/95°% par l'électricité abondante et bon marché.

Enjeu n° 5 :
Les infrastructures en tant que 'piliers et fondements de l'état fédéral
La présidence/résidence 'ndkarou' du Président de l'USOWA

Le siège du Sénat avec résidence de son Président à OUAGADOUGOU

Le siège de l'Assemblée avec l'hôtel résidence, 500 chambres à ABUJA

L'économie du savoir et l'économie numérique ou la construction de :
- deux à dix pôles universitaires par pays
- le centre d'incubation des entreprises des jeunes et des START – up

L'économie spirituelle par la construction de la réplique de la pyramide SAQQARA, entre Sékouè et Parakou au Bénin, ainsi que toutes les infrastructures hôtelières et commodités nécessaires tel que le Centre de conférence.

III. Conditions de la mise en place de ces projets et date limite de réception :

En plus des facilitations usuelles du code d'investissement, les présents projets bénéficieront d'une exonération complète, durant cinq ans, dans l'importation des matériels et équipements entrants dans leur réalisation. Les offres d'études, de financement et de partenariat sont reçues, sans delai, au siège de la présidence des USOWA.

Fait à Freetown , le

Le Président des USOWA

Dédicace

Aux Ouest Africains, appelés à bâtir l'embryon d'un état fédéral, qui finira par s'étendre à toute l'Afrique

À

KEMI SEBA qui porte, d'une voix forte, les puissantes formes-pensées qui sortiront l'Africain, de la servitude morale du retour volontaire à la plantation du maitre.

MAYITOUKOU Michel, fidèle, jusqu'à endurer la petitesse des adversaires,

NGATSE IPONGO NATACHA SANDRINE, légitime jusqu'à la solitude,

YAH NEGHOST, un <u>Anzimb</u>a de la contrée des 'Akoua', devenu un sorcier en France, au bord de la 'Loire et Cher',Touraine,

Marie Claude LONGLOIS, Reine du 'pèlerin du jardin des splendeurs,

PATRICK PUSEY, excellent cultivateur de <u>roses rouges de l'adeptat.</u>

Bibliographie

Article Wikipédia

- Le nombre et la spirale, d'Or
- Constitution des USA
- Hymne à Aton

Article de presse

- Jeune Afrique

Du même auteur

- **Intelligence économique dans les pays d'Afrique,**
  Edilivre Mai 2018

- **La France, plurielle et métissée, championne du monde,**
  Edilivre, sept 2019

- **L'avenir désirable de l'humanité. L'Afrique,**
  Editions Diasporas noires, 2019

- **The desirable future of humanity. Africa,**
  Edition Diasporas noires, 2019

- **Changement global au pays des NgalaKongo,**
  Edilivre, mai 2019